Projeto Ápis

CADERNO DE ATIVIDADES

GEOGRAFIA

3º ANO

Ensino Fundamental

NOME: ______________________ TURMA: __________

ESCOLA: ______________________

editora ática

Sumário

Michel Ramalho/Arquivo da editora

A cidade e o campo

1 Leia o texto abaixo. Depois, responda às questões sobre ele.

A mudança

Depois de colocar as malas no carro e os móveis no caminhão de mudança, saímos do prédio a caminho da nossa nova casa. Até chegar na estrada, passamos pela loja de roupas do seu João, pela praça onde fica a prefeitura, pela sorveteria e pelo supermercado.

Logo começamos a ver plantações, bois no pasto e poucas casas que apareciam de vez em quando no horizonte.

Depois de algumas horas no carro, chegamos na casa nova. Ela era térrea, espaçosa e arejada. Pela janela do meu quarto eu podia ver um grande gramado e um pomar. Depois de conhecer a casa, eu e meu irmão fomos até o lago que existe no final do terreno. Brincamos e nadamos até o anoitecer.

Elaborado pela autora.

Giz de Cera/Arquivo da editora

a) Do que trata o texto acima?

____

____

b) A personagem morava no campo ou na cidade? Copie abaixo um trecho do texto que justifique sua resposta.

____

____

c) A personagem se mudou para o campo ou para a cidade? Cite os elementos da paisagem descrita no texto que justifiquem sua resposta.

____

____

d) Escolha a paisagem da cidade ou a paisagem do campo e faça um desenho dela no espaço abaixo, de acordo com a descrição da personagem.

e) Além dos elementos descritos no texto, cite outros elementos que são característicos da cidade e do campo.

____

____

____

____

f) Você mora no campo ou na cidade? Descreva o lugar onde você mora, citando os elementos que justifiquem a sua resposta.

____

____

____

____

2 Alice se mudou com a família para uma nova cidade. A mãe dela fez um desenho do bairro onde elas estão morando para a filha se localizar melhor. Veja:

Ivan Coutinho/Arquivo da editora

a) Pinte os quadros abaixo com as palavras que nomeiam os pontos de referência que a mãe de Alice desenhou.

casa	escola	farmácia
oficina	parque	praça
restaurante	hospital	igreja
lago	museu	loja

b) Alice está na escola e precisa devolver um livro na biblioteca. Por quais lugares ela vai passar se fizer o caminho mais curto?

____

____

c) Com base no desenho, preencha as frases com as palavras dos quadros abaixo.

atrás	longe	ao lado	rua
praça	biblioteca	bombeiros	perto

- A casa de Alice fica ______________ do hospital.
- Para ir à prefeitura, Alice vai atravessar uma ______________.
- O supermercado está ______________ da casa de Alice.
- O quarteirão em que está a igreja fica ______________ do quarteirão em que está a prefeitura.
- A igreja fica ______________ da escola.
- A ______________ fica ao lado do supermercado.
- A ______________ fica entre os ______________ e o restaurante.

d) Alice está em casa e sua mãe pediu que ela fosse ao supermercado. Trace no desenho da página anterior um dos caminhos que a menina pode percorrer. Depois, descreva esse caminho, citando alguns dos pontos de referência.

____

____

____

e) A mãe de Alice fez o desenho de qual ponto de vista?

____

____

3 Agora, vamos ver o trajeto de uma formiga até as folhas?

a) Siga os comandos abaixo. Marque com um **X** o caminho e leve a formiga até as folhas.

1º: Ande 5 casas para a frente.

2º: Vire para a direita e ande 6 casas.

3º: Ande 3 casas para a frente.

4º: Vire para a esquerda e ande 2 casas.

5º: Ande 5 casas para a frente.

6º: Vire para a direita e ande 2 casas.

7º: Ande 3 casas para a frente.

Jefferson Costa/Arquivo da editora

b) Parabéns! Você levou a formiga até as folhas! Desenhe acima outro possível caminho que a formiga pode fazer até as folhas. Depois, anote abaixo os comandos desse caminho.

____

____

____

____

4 Leia o poema.

Ivan Coutinho/Arquivo da editora

Ponto de vista

[...]
À direita vejo um bosque,
À esquerda uma lagoa,
Logo acima o céu,
Sob os pés a terra boa!

Na minha frente há um morro,
Logo atrás, um precipício.
Mas, se viro de repente,
Tudo muda desde o início!

O que estava à minha esquerda
À direita está agora.
Tudo ficou diferente,
Tudo girou sem demora!
[...]

FORJAZ, Sonia Salerno. **Ponto de vista**. São Paulo: Moderna, 1992. p. 25-26.

a) De acordo com a primeira estrofe, o que a personagem vê à direita? E à esquerda?

____

____

b) O que a personagem vê a sua frente? E atrás?

____

____

c) De que tipo de paisagem trata o poema?

____

____

d) Na segunda estrofe, a personagem fala que tudo muda se ela vira de repente. O que realmente mudou?

____

____

Unidade 2

Representações cartográficas

1 Observe no mapa abaixo os bairros da cidade onde Aline mora.

Giz de Cera/Arquivo da editora

a) Aline mora no bairro Gavião e vai visitar seu tio, que mora no bairro Anacá. Mas, antes, Aline precisa devolver um brinquedo para um amigo que mora no bairro Bavete. Pinte os bairros por onde Aline deve passar se ela fizer o trajeto mais curto.

b) Antes de sair de casa, Aline ouviu pelo rádio a notícia de uma enchente no bairro Sabiá. Qual é o caminho que Aline pode fazer sem passar por esse bairro? Escreva abaixo.

____

____

2 Qual é o nome do bairro onde você mora? Quais bairros são vizinhos ao seu?

____

3 Observe as fotos.

Tales Azzi/Pulsar Imagens

Rua movimentada em Cabedelo, no estado de Pernambuco, 2016.

João Prudente/Pulsar Imagens

Casas em Taubaté, no estado de São Paulo, 2017.

Ernesto Reghran/Pulsar Imagens

Galpões na cidade de Arapongas, no estado do Paraná, 2015.

a) Que elementos você observa em cada foto?

- Foto 1: ____.
- Foto 2: ____.
- Foto 3: ____.

b) Escreva o tipo de bairro mostrado em cada foto.

- Foto 1: ______________________________.
- Foto 2: ______________________________.
- Foto 3: ______________________________.

c) Escreva de qual ponto de vista cada foto foi feita.

- Foto 1: ______________________________.
- Foto 2: ______________________________.
- Foto 3: ______________________________.

d) Pesquise em jornais, revistas ou na internet fotos de outros bairros. Podem ser comerciais, residenciais, industriais ou mistos. Cole as fotos no espaço a seguir e escreva abaixo de cada uma o tipo de bairro retratado. Se preferir, faça um desenho.

4 Agora, responda às questões sobre o seu bairro.

a) No local onde você mora predominam características de um bairro residencial, comercial ou industrial? Por quê?

____

____

____

b) Pesquise em jornais, revistas ou na internet fotos de bairros semelhantes ao seu. Cole as fotos no espaço a seguir. Se preferir, faça um desenho.

c) Do que você gosta no bairro onde mora? E do que você não gosta? Preencha o quadro abaixo.

Do que eu gosto no bairro	Do que eu não gosto no bairro

d) O que pode ser melhorado no bairro onde você mora?

____

____

5 Leia a história abaixo e observe o mapa da página seguinte. Depois, responda às questões.

O tesouro do Capitão Virgulino

Capitão Virgulino, o pirata mais temido dos mares do oeste, em uma das suas aventuras, acabou entrando em uma tremenda confusão. Uma bela noite, Virgulino e seu ajudante, Bili, conversavam sobre um velho mapa do tesouro que eles tinham guardado, até que outro grupo de piratas entrou no bar. Um deles gritou ao abrir a porta:

— Eu irei achar aquele tesouro na ilha, nem que eu passe o resto da minha vida procurando!

Outro pirata do grupo comentou, colocando um mapa sobre a mesa:

— Este mapa que tenho em mãos nos levará até lá!

Capitão Virgulino se interessou pela conversa e comentou com Bili:

— Outro mapa do tesouro?

Capitão Virgulino, então, mandou Bili se aproximar do grupo para olhar o mapa, discretamente. Um dos piratas percebeu a presença de Bili e se exaltou:

— O que você está fazendo? Bisbilhotando mapa alheio? O tesouro é nosso!

Bili, se desculpando e quase caindo no chão, não soube se defender. Foi quando Virgulino levantou de sua mesa e, em um pulo, tomou Bili pelo braço e gritou:

— Este tesouro não lhes pertence, homens! Ele está escondido há muito tempo e o seu dono será aquele que o achar primeiro!

Dito isso, Capitão Virgulino e Bili saíram correndo em direção ao seu navio, onde o mapa estava escondido. Quando o grupo de piratas percebeu o que eles pretendiam fazer, começaram a correr atrás deles.

Já em seus navios, todos se apressaram para chegar na ilha com o tesouro o quanto antes. Depois de algum tempo navegando, Capitão Virgulino e Bili chegaram na ilha. Eles abriram o mapa e perceberam que tinham um problema: o mapa estava incompleto!

Elaborado pela autora.

Giz de Cera/Arquivo da editora

a) Ajude o Capitão Virgulino e seu ajudante a encontrar o tesouro. Desenhe no mapa os pontos de referência que estão faltando. Siga as instruções.

- O pântano com crocodilos fica à direita das montanhas.
- O castelo assombrado fica entre a areia movediça e o lago encantado.
- O ninho das cascavéis fica antes das montanhas.
- O vulcão em erupção fica depois dos coqueiros.
- O tesouro fica bem perto do lago encantado.

b) O que geralmente é o tesouro em histórias como essa?

____

____

c) O que você gostaria de encontrar se fosse o capitão Virgulino?

____

____

d) Logo no início do percurso, o capitão Virgulino e Bili encontraram uma bifurcação e escolheram seguir à esquerda. Andando mais um pouco eles encontraram outra bifurcação e decidiram ir pela direita. Por quais lugares eles passarão até chegar no tesouro?

____

____

e) Encontre no diagrama algumas palavras que aparecem na história.

T	P	V	J	C	T	N	W	Y	Q	G	J	O	R	M	L
M	G	W	P	A	Y	I	U	R	D	C	A	R	N	A	J
G	R	A	K	P	D	C	A	S	A	Y	D	W	G	P	I
W	H	D	Q	I	S	O	L	F	Y	C	I	A	V	A	H
E	I	P	Y	T	U	P	E	L	E	N	P	R	X	K	X
Q	V	Q	A	Ã	B	Q	R	G	R	U	L	K	C	S	Y
T	R	C	G	O	Q	K	U	E	Z	R	N	A	V	I	O
S	U	M	L	O	F	G	S	C	J	D	G	U	T	J	M
O	H	R	D	N	V	L	J	H	N	F	H	G	I	T	V
D	E	D	O	V	M	T	E	S	C	H	Q	C	C	V	U
P	I	V	W	X	A	T	E	S	O	U	R	O	F	B	C
W	B	O	G	Y	G	L	H	D	C	D	T	X	Q	N	Z
P	I	R	A	T	A	X	N	O	G	T	L	K	D	J	N

Unidade 3

Explorar paisagens

1 Coloque um papel vegetal sobre a foto e divida a paisagem em três planos.

Marcos Amend/Pulsar Imagens

Santa Isabel do Rio Negro, no estado do Amazonas, 2017.

a) Escreva quais elementos existem:

- no primeiro plano: ______________________________.
- no segundo plano: ______________________________.
- no terceiro plano: ______________________________.

b) Pinte os planos no papel vegetal e cole-o no quadro abaixo.

2 Observe a foto. Depois, imagine como era essa rua antes da enchente.

Ernesto Reghran/Pulsar Imagens

Rua em Jataizinho, no estado do Paraná, depois de uma forte chuva. Foto de 2016.

a) No quadro abaixo, desenhe essa paisagem antes da chuva.

b) Você viu que as chuvas podem modificar uma paisagem. E os seres humanos, podem alterar uma paisagem? Cite exemplos.

____

____

c) As paisagens que você costuma observar no dia a dia já sofreram alteração? Qual?

____

____

____

3 Observe a paisagem retratada em cada foto. Depois faça as atividades.

Michele Limina/Bloomberg/Getty Images

Construções cobertas de neve em Davos, Suíça, 2017.

Wagner Tavares/Pulsar Imagens

Casas de pescadores em Porto Seguro, no estado da Bahia, 2016.

a) Cite dois elementos naturais de cada paisagem.

- Foto 1: ____.
- Foto 2: ____.

b) Faça a correspondência entre os itens abaixo e as paisagens das fotos 1 e 2.

Clima frio	
Clima quente	
Clima chuvoso	
Com neve	
Presença de prédios	
Presença de casas térreas	
Terreno plano	
Terreno ondulado	

c) Cite dois elementos construídos pelos seres humanos em cada paisagem.

- Foto 1: ____.
- Foto 2: ____.

4 Escreva **V** para as afirmações verdadeiras e **F** para as falsas.

☐ Toda paisagem tem elementos culturais.

☐ Uma paisagem, para ser completa, precisa ter dois tipos de elementos: natural e cultural.

☐ O trabalho humano modifica as paisagens.

☐ Uma paisagem pode ter tantos elementos culturais quanto naturais.

Unidade 4

O trabalho cria paisagens

1 Observe as fotos abaixo.

Marc Ferrez/Instituto Moreira Salles

Largo de São Francisco de Paula, no município do Rio de Janeiro, no estado do Rio de Janeiro, 1895.

Leo Burgos/Acervo do Fotógrafo

Largo de São Francisco de Paula, no município do Rio de Janeiro, no estado do Rio de Janeiro, 2016.

a) Analise cada foto e responda.

- Quais elementos construídos pelo ser humano você identifica na foto 1?

- E na foto 2?

b) Quais são as diferenças entre as paisagens representadas? E as semelhanças?

c) Escreva os possíveis motivos que levaram os seres humanos a promover essas mudanças na paisagem.

2 Com a ajuda do professor ou de outro adulto, anote como as mudanças feitas pelo ser humano podem impactar o ambiente.

3 Siga as dicas e complete o diagrama.

a) Líquido importante para os seres vivos; se poluído pode provocar doenças.

b) Elemento da natureza que, assim como a água, quando poluído, pode prejudicar a qualidade dos vegetais que consumimos.

c) Aquilo que se decompõe ou se desfaz com facilidade no ambiente.

d) Destruição das florestas pela ação dos seres humanos.

e) Material que deve ser descartado nas lixeiras vermelhas de coleta seletiva.

f) Processo em que os materiais são reaproveitados para elaboração de novos produtos.

g) Uma das causas da poluição da água, quando despejado sem tratamento em rios e mares.

h) Problema provocado pela ação humana que pode ser sonora, do ar ou da água.

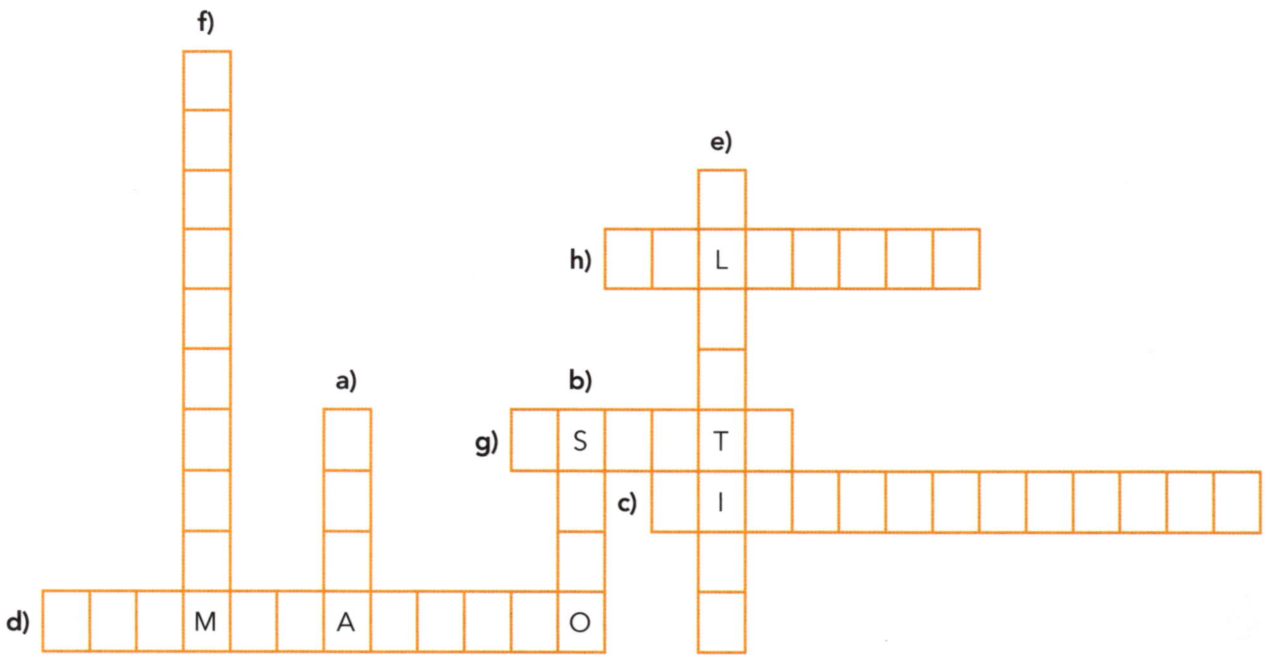

4 Desembaralhe as letras e descubra um sinônimo de **consumo responsável**.

OCUNSOM OCSNENCITE

5 Observe a foto e leia a reportagem.

Floresta Amazônica em Candeias do Jamari, no estado de Rondônia, em 2019.

Onde há fumaça há fogo

As queimadas na Amazônia têm relação direta com o desmatamento. Especialistas comentaram ao G1 que o fogo é parte da estratégia de "limpeza" do solo que foi desmatado para posteriormente ser usado na pecuária ou no plantio. É o chamado "ciclo de desmatamento da Amazônia".

G1. Um a cada três focos de queimada na Amazônia está relacionado com desmatamento, diz WWF. 8 set. 2019. Disponível em: <https://g1.globo.com/natureza/noticia/2019/09/08/um-a-cada-tres-focos-de-queimada-na-amazonia-esta-relacionado-com-desmatamento-diz-wwf.ghtml>. Acesso em: 13 dez. 2019.

a) O que você observa na foto?

b) De acordo com a reportagem, por que ocorrem queimadas na Amazônia?

c) Além de preparar áreas que serão usadas para pecuária e plantio, quais outros motivos do desmatamento das florestas no Brasil?

6 Que diferenças existem entre as duas imagens do Pantanal? Marque um **X** nas 7 diferenças que encontrar na segunda cena.

Andre Dib/Pulsar Imagens

Araras-azuis-grandes no Pantanal, no estado de Mato Grosso, 2015.

Projeto Ápis

ÁPIS DIVERTIDO

GEOGRAFIA

3º ANO

Ensino Fundamental

ESTE MATERIAL CONTÉM PEÇAS E TABULEIROS DE DOIS JOGOS: **MEMÓRIA COM PAISAGENS** E **ÁPIS DE MEL**.

NOME: ______________________ **TURMA:** __________

ESCOLA: ______________________________

editora ática

Memória com paisagens

Destaque as cartas desta página e das páginas a seguir para brincar com o jogo **memória com paisagens**.

Tales Azzi/Pulsar Imagens

Trecho do rio Negro, em Manaus (AM).

Yasemin Olgunoz Berber/Shutterstock

Cataratas no Parque do Iguaçu, em Foz do Iguaçu (PR).

Alexandre Meneghini/Reuters/Fotoarena

Geleira na Antártida.

Paulo Vilela/Shutterstock

Praia da Joaquina, em Florianópolis (SC).

Delfim Martins/Pulsar Imagens

Ilha de Toque-toque, em São Sebastião (SP).

João Prudente/Pulsar Imagens

Morro da Tormenta, em Carmo do Rio Claro (MG).

Harmo_Nico/Shutterstock

Deserto do Saara, na África.

João Prudente/Pulsar Imagens

Lagoa de Genipabu, em Extremoz (RN).

O tabuleiro e as regras desse jogo estão no final do **Ápis divertido**.

Memória
com
paisagens

Memória
com
paisagens

Memória
com
paisagens

Memória
com
paisagens

Memória
com
paisagens

Memória
com
paisagens

Memória
com
paisagens

Memória
com
paisagens

Memória com paisagens

Onyx9/Shutterstock

Cristo Redentor, no Rio de Janeiro (RJ).

anmbph/Shutterstock

Torre Eiffel, na França.

Popova Marina/Shutterstock

Estátua da Liberdade, nos Estados Unidos.

Paulo Vilela/Shutterstock

Elevador Lacerda, em Salvador (BA).

Fred S. Pinheiro/Shutterstock

Masp, em São Paulo (SP).

TravnikovStudio/Shutterstock

Catedral e Torre de Pisa, na Itália.

Hung Chung Chih/Shutterstock

Grande Muralha, na China.

Eileen_10/Shutterstock

Taj Mahal, na Índia.

Memória com paisagens

Memória com paisagens

Memória com paisagens

Memória com paisagens

Memória com paisagens

Memória com paisagens

Memória com paisagens

Memória com paisagens

Memória com paisagens

Trecho do rio Negro, em Manaus (AM).

Tales Azzi/Pulsar Imagens

Cataratas no Parque do Iguaçu, em Foz do Iguaçu (PR).

Yasemin Olgunoz Berber/Shutterstock

Geleira na Antártida.

Alexandre Meneghini/Reuters/Fotoarena

Praia da Joaquina, em Florianópolis (SC).

Paulo Vilela/Shutterstock

Ilha de Toque-toque, em São Sebastião (SP).

Delfim Martins/Pulsar Imagens

Morro da Tormenta, em Carmo do Rio Claro (MG).

João Prudente/Pulsar Imagens

Deserto do Saara, na África.

Harmo_Nico/Shutterstock

Lagoa de Genipabu, em Extremoz (RN).

João Prudente/Pulsar Imagens

Memória com paisagens

Memória com paisagens

Memória com paisagens

Memória com paisagens

Memória com paisagens

Memória com paisagens

Memória com paisagens

Memória com paisagens

Memória com paisagens

Onyx9/Shutterstock

Cristo Redentor, no Rio de Janeiro (RJ).

anmbph/Shutterstock

Torre Eiffel, na França.

Popova Marina/Shuttesrtock

Estátua da Liberdade, nos Estados Unidos.

Paulo Vilela/Shutterstock

Elevador Lacerda, em Salvador (BA).

Memória
com
paisagens

Memória
com
paisagens

Memória
com
paisagens

Memória
com
paisagens

Memória com paisagens

Fred S. Pinheiro/Shutterstock

Masp, em São Paulo (SP).

TravnikovStudio/Shutterstock

Catedral e Torre de Pisa, na Itália.

Hung Chung Chih/Shutterstock

Grande Muralha, na China.

Eileen_10/Shutterstock

Taj Mahal, na Índia.

Memória
com
paisagens

Memória
com
paisagens

Memória
com
paisagens

Memória
com
paisagens

Ápis de Mel

Destaque e cole as figuras no tabuleiro nos locais indicados.

Ilustrações: Estúdio 22

O tabuleiro e as regras desse jogo estão no final do **Ápis divertido**.

Ápis de Mel

Destaque e monte os peões e o dado para brincar com o jogo **Ápis de Mel**.

Legenda:

Dobre.

Cole.

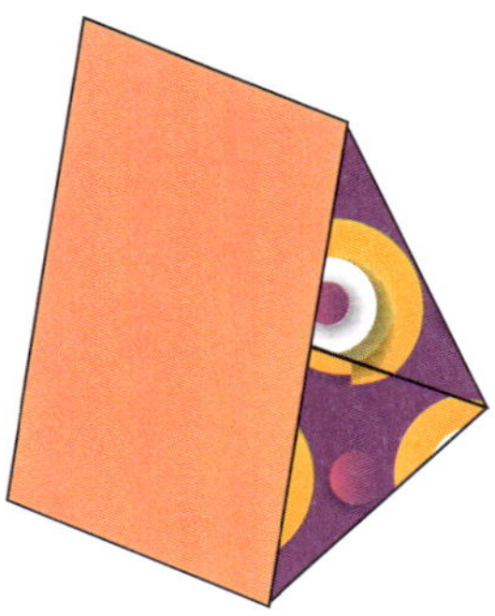

Peão montado.

Dado montado.

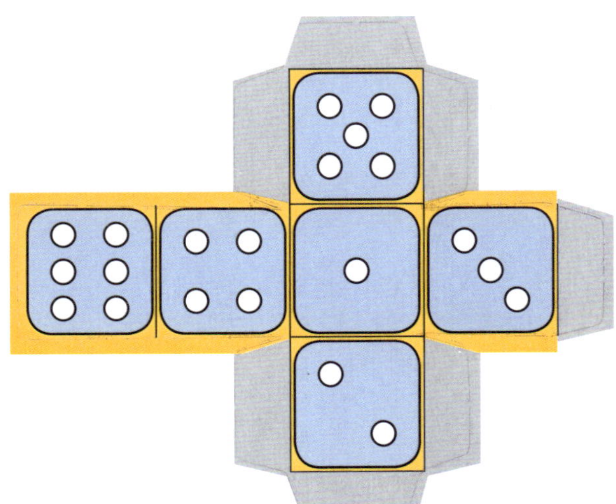

plurall

Parabéns!
Agora você faz parte do **Plurall**, a plataforma digital do seu livro didático!
Acesse e conheça todos os recursos e funcionalidades disponíveis para as suas aulas digitais.

Baixe o aplicativo do **Plurall** para Android e IOS ou acesse **www.plurall.net** e cadastre-se utilizando o seu código de acesso exclusivo:

AAAC6UFWD

Este é o seu código de acesso Plurall.
Cadastre-se e ative-o para ter acesso aos conteúdos relacionados a esta obra.

@plurallnet

@plurallnetoficial

SOMOS EDUCAÇÃO

Projeto Ápis

MARIA ELENA SIMIELLI

Bacharela e licenciada em Geografia pela Universidade de São Paulo (USP).
Professora doutora em Geografia e professora livre-docente do Departamento de Geografia – Pós-graduação, USP.
Ex-professora dos Ensinos Fundamental e Médio nas redes pública e particular do estado de São Paulo.

GEOGRAFIA

3º ANO

Ensino Fundamental

editora ática

editora ática

Presidência: Mario Ghio Júnior
Direção editorial: Lidiane Vivaldini Olo
Gerência editorial: Viviane Carpegiani
Gestão de área: Tatiany Renó
Edição: Luciana Nicoleti (coord.), Maria Luisa Nacca e Mariana Amélia Nascimento (assist.)
Planejamento e controle de produção: Flávio Matuguma, Juliana Batista, Felipe Nogueira, Juliana Gonçalves e Anny Lima
Revisão: Kátia Scaff Marques (coord.), Brenda T. M. Morais, Claudia Virgilio, Daniela Lima, Malvina Tomáz e Ricardo Miyake
Arte: André Gomes Vitale (ger.), Catherine Saori Ishihara (coord.), Nicola Loi (edição de arte)
Iconografia e tratamento de imagem: Sílvio Kligin (ger.), Denise Durand Kremer (coord.), Iron Mantovanello (pesquisa iconográfica), Fernanda Crevin (tratamento de imagens)
Licenciamento de conteúdos de terceiros: Roberta Bento (gerente), Jenis Oh (coord.), Liliane Rodrigues, Flávia Zambon e Raísa Maris Reina (analistas de licenciamento)
Ilustrações: Cláudio Chiyo, Félix Reiners, Giz de Cera, Ilustra Cartoon, Léo Fanelli, Lucio Bouvier, Michel Ramalho, Rodval Matias
Cartografia: Eric Fuzii (coord.) e Robson Rosendo da Rocha
Design: Talita Guedes da Silva (proj. gráfico e capa)
Ilustração de capa: Barlavento Estúdio
Logotipo: Saulo Dorico

Avenida Paulista, 901, 6º andar – Bela Vista
São Paulo – SP – CEP 01310-200
http://www.somoseducacao.com.br

Dados Internacionais de Catalogação na Publicação (CIP)

Simielli, Maria Elena
Projeto Ápis : Geografia : 1º ao 5º ano / Maria Elena Simielli. -- 4. ed. -- São Paulo : Ática, 2020.
(Projeto Ápis ; vol. 1 ao 5)

Bibliografia

1. Geografia (Ensino fundamental) Anos iniciais I. Título II. Série

20-1073 CDD 372.891

Angélica Ilacqua - Bibliotecária - CRB-8/7057

2024
Código da obra CL 750406
CAE 721269 (AL) / 721270 (PR)
ISBN 9788508195527 (AL)
ISBN 9788508195534 (PR)
4ª edição
6ª impressão
De acordo com a BNCC.

Impressão e acabamento Gráfica Elyon

Uma publicação SOMOS EDUCAÇÃO

Apresentação

Caro aluno,

Esta coleção foi feita pensando em você, uma criança que está começando a grande aventura de explorar o mundo por meio dos estudos.

Como professora, procuro sempre estimular cada aluno a reconhecer como a Geografia está presente no dia a dia, de uma maneira tão natural que às vezes nem pensamos nela.

Por isso, neste livro, você vai trabalhar de uma forma prática. Orientado por seu professor, é você quem vai construir a Geografia, tanto na sala de aula quanto nas outras atividades do seu dia a dia.

Espero que este livro ajude você, aluno, a compreender melhor o mundo em que vivemos e a participar dele ativamente para construir uma sociedade cada vez melhor.

Que tal embarcar nessa viagem?

A autora

Conheça seu livro

Este livro contém quatro unidades. Cada unidade tem dois capítulos.

Abertura de unidade

No início de cada unidade há uma ilustração e algumas questões para despertar o seu interesse pelo tema que será estudado.

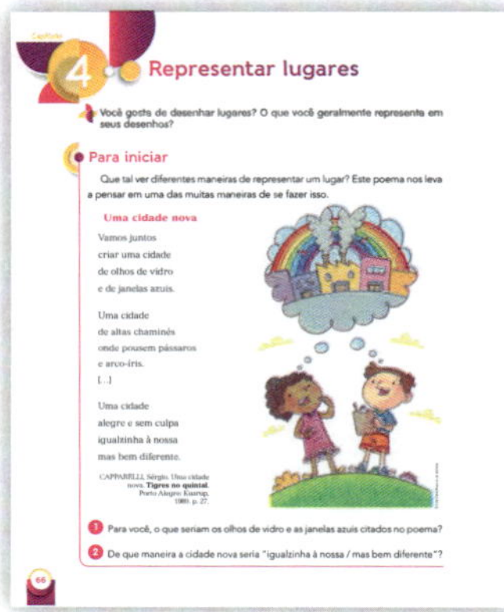

Abertura de capítulo

Imagens, textos e atividades orais estimulam você a conversar com os colegas sobre os assuntos que serão estudados.

Assim também aprendo

Histórias em quadrinhos, tirinhas e brincadeiras vão ajudar no seu aprendizado.

Para facilitar a compreensão dos textos, o significado de algumas palavras será apresentado na própria página: no **vocabulário**.

Saiba mais

Textos, imagens e atividades para ampliar seus conhecimentos e aguçar sua curiosidade.

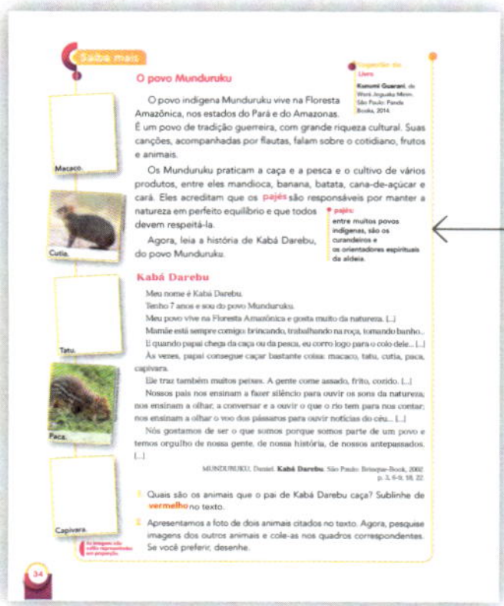

Com a palavra...

Entrevistas com diferentes profissionais farão você perceber que o conhecimento pode ser adquirido além dos livros.

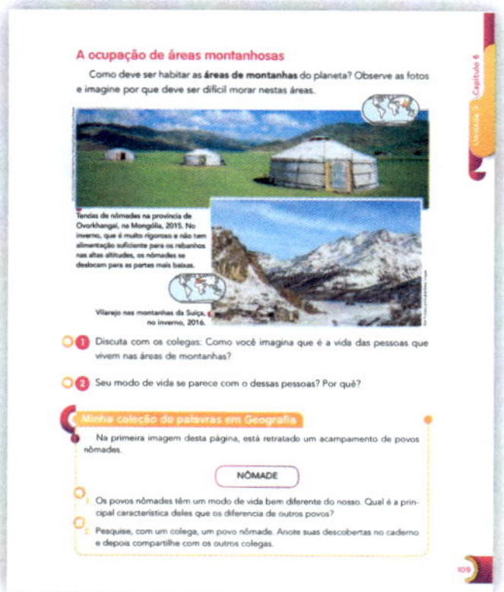

Minha coleção de palavras em Geografia

Ao longo dos capítulos e ao final de cada unidade, você vai encontrar atividades que exploram o sentido de algumas palavras importantes para a disciplina.

Glossário

No final do livro você encontra o significado de palavras destacadas no texto, importantes para o estudo de Geografia.

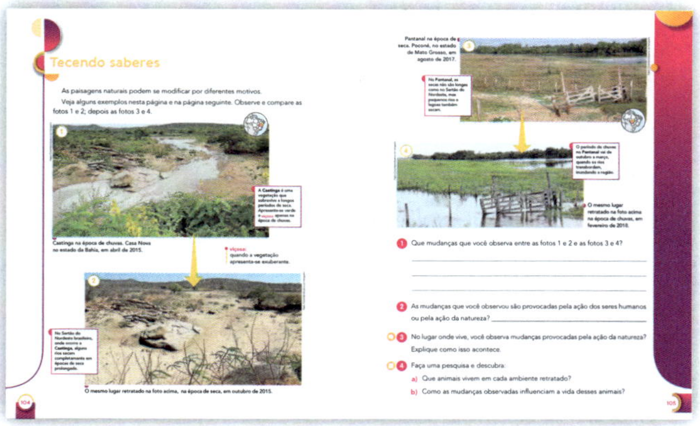

Tecendo saberes

Aqui você vai entrelaçar os conhecimentos da Geografia com os saberes de outras disciplinas.

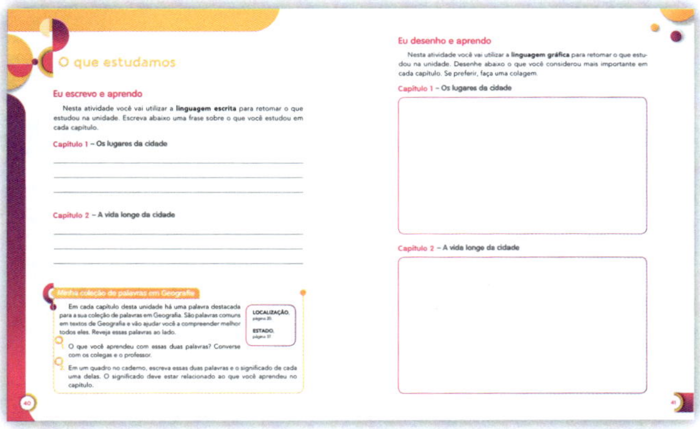

O que estudamos

É o encerramento da unidade de estudo. Aqui você vai trabalhar a escrita e o desenho, retomar o que foi estudado, além de refletir sobre o que aprendeu.

Material complementar

Acompanha o livro do aluno:

Caderno de atividades

Ápis divertido

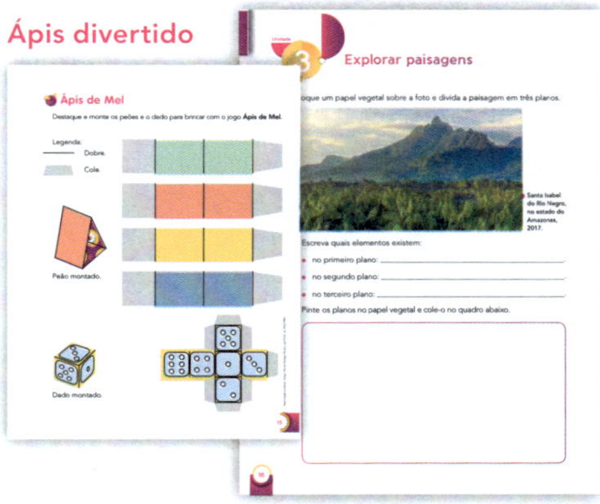

Ápis divertido

Jogos que exploram os temas estudados.

Caderno de atividades

Atividades para você praticar o que aprendeu em cada unidade.

Ícones

Atividade oral

Atividade em grupo

Atividade em dupla

Atividade no caderno

Pesquise

Sumário

Michel Ramalho/Arquivo da editora

Michel Ramalho/Arquivo da editora

Unidade

1 A cidade e o campo

Michel Ramalho/Arquivo da editora

- O que você observa na ilustração?
- Você reconhece nela uma área que representa a cidade e outra que representa o campo? Identifique essas áreas.
- Você mora na cidade ou no campo?

Capítulo 1

Os lugares da cidade

Como você faz para ensinar a alguém o caminho para chegar a um lugar?

Para iniciar

Tom Jobim compôs a canção a seguir em 1962. Leia um trecho da letra da canção e observe a foto.

Samba do avião

Minha alma canta
Vejo o Rio de Janeiro
[...]
Cristo Redentor
Braços abertos sobre a Guanabara
[...]
Dentro de mais um minuto estaremos no Galeão
[...]
Aperte o cinto, vamos chegar
Água brilhando, olha a pista chegando
[...]

JOBIM, Tom. Samba do avião. In: **The wonderful world of Antonio Carlos Jobim**. Rio de Janeiro: Warner Music, 2001. 1 CD. Faixa 10.

yu-jas/Shutterstock

Vista do Cristo Redentor e da baía de Guanabara, no Rio de Janeiro, no estado do Rio de Janeiro, 2019.

1. De onde Tom Jobim estava vendo a cidade do Rio de Janeiro? O que ele via?

2. Na sua opinião, o que quer dizer o verso "Água brilhando, olha a pista chegando"?

3. Se Tom Jobim estivesse na praia, veria a mesma paisagem?

A cidade e os pontos de referência

Os **pontos de referência** são elementos que podem ser usados para nos localizarmos no bairro, seja na cidade, seja no campo, e até mesmo no estado e no país.

Um ponto de referência no nosso dia a dia costuma ser um elemento bem conhecido ou que chama a atenção em nossos trajetos diários, como uma ponte, um edifício na esquina ou uma placa de sinalização.

Cada pessoa ou **grupo social** tem ou cria os próprios pontos de referência, de acordo com os elementos presentes em seus lugares de vivência e com a importância que esses elementos têm para a pessoa ou para o grupo.

grupo social: grupo de pessoas que interagem entre si, compartilhando costumes, hábitos e um modo de vida.

1 Observe a ilustração abaixo. Nela aparecem elementos que Clarice, João e Lara podem usar como pontos de referência na cidade para indicar onde moram.

Felix Reiners/Arquivo da editora
Léo Fanelli/Arquivo da editora

a) Circule na ilustração as moradias de Clarice, de João e de Lara de acordo com os pontos de referência que cada um citou.

b) Agora, marque um **X** no estabelecimento comercial que está no quarteirão ao lado da escola.

c) Faça uma ● nos dois prédios do quarteirão em frente ao banco.

2 Agora é a sua vez de usar pontos de referência para indicar onde mora!

a) Desenhe sua moradia na rua onde você mora. Depois, desenhe alguns pontos de referência que ficam perto dela.

b) Escreva uma frase sobre sua moradia usando os termos dos quadros abaixo.

EM FRENTE | ATRÁS | AO LADO

3 Além de utilizar os pontos de referência, podemos nos localizar em um espaço de outras maneiras. Observe, abaixo, as representações de uma sala de aula e faça as atividades.

1

Acervo da autora/Arquivo da editora

2

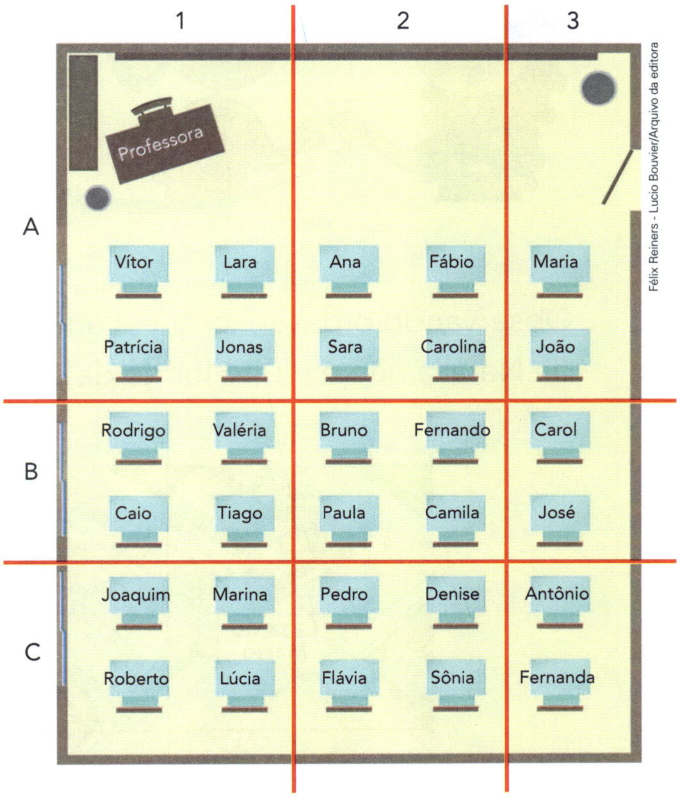

Félix Reiners - Lucio Bouvier/Arquivo da editora

a) Forme dupla com um colega. Use os termos **à direita**, **à esquerda**, **na frente** e **atrás** para indicar a localização de alguns alunos na sala de aula da representação 1. Depois, é a vez do seu colega fazer perguntas a você.

b) A localização também pode ser feita dividindo-se a sala em quadrículas, como na sala de aula da representação 2.

- Qual é o nome dos alunos localizados na quadrícula 2A?

____

____

- Escreva a localização dos alunos a seguir usando números e letras.

Fernando: __________ Tiago: __________

Lúcia: __________ João: __________

4 Natália convidou a amiga Fernanda para brincar na casa dela. Natália deu seu endereço e um desenho do bairro para a amiga. Nesse desenho Fernanda pode ver qual é o **percurso** até a casa da amiga.

Léo Fanelli/Arquivo da editora

percurso: trajeto ou caminho de um ponto a outro, que pode ser feito a pé ou com um meio de transporte.

Observando o desenho que a amiga lhe deu, Fernanda descobriu que a casa de Natália não é muito longe da sua casa. Observe abaixo.

Félix Reiners/Arquivo da editora

a) Circule na representação da página 14 a casa de Natália. Que informação você utilizou para descobrir onde é a casa dela?

b) Fernanda caminhou de sua casa até a casa de Natália, passando pela rua Palmas.

- Trace na representação o percurso que Fernanda seguiu.
- Quais são os pontos de referência que Fernanda observou no percurso?

  ____

- Quais desses pontos de referência estavam à esquerda de Fernanda no caminho de ida até a casa de Natália? ____________________
- Fernanda voltou para casa pelo mesmo caminho. Quais desses pontos estavam à esquerda dela?

  ____

c) Com base na representação da página 14, escreva **V** para as frases verdadeiras e **F** para as falsas.

☐ A igreja está entre o correio e a livraria.

☐ A casa de Mário fica em frente à creche.

☐ Atrás da creche há um mercado.

☐ Olhando a igreja de frente, o correio está à esquerda.

d) Marque com um **X** as frases verdadeiras, de acordo com a localização dos pontos de referência nas quadrículas.

☐ A casa de Fernanda está na quadrícula 3A.

☐ A igreja está na quadrícula 1B.

☐ O hospital está na quadrícula 3B.

☐ A farmácia está na quadrícula 2B.

Pontos de referência no Brasil

Em várias cidades do Brasil, é possível identificar construções que são marcas culturais nos lugares onde foram construídas.

Elas são tão importantes que passam a ser pontos de referência para as pessoas que visitam esses lugares ou vivem neles.

1 Observe nas fotografias a seguir alguns pontos de referência bastante conhecidos no Brasil e que se identificam com a história, com a cultura e com a arquitetura das cidades e dos estados onde estão localizados. Depois, faça o que se pede.

Charles Sholl/Futura Press

☐ Museu de Arte de São Paulo (Masp), 2017, em São Paulo, no estado de ______________________.

Filipe Frazao/Alamy/Fotoarena

☐ Elevador Lacerda, 2016, em Salvador, no estado da ______________________.

Ernesto Reghran/Pulsar Imagens

☐ Teatro Amazonas, 2015, em Manaus, no estado do ______________________.

João Prudente/Pulsar Imagens

☐ Palácio da Alvorada, 2015, em Brasília, no ______________________.

Vinicius Bacarin/Shutterstock

☐ Jardim Botânico, 2018, em Curitiba, no estado do ______________________.

Bruno Alencastro/Agência RBS/Folhapress

☐ Lago Guaíba, 2016, em Porto Alegre, no estado do ______________________.

a) Marque com um **X** os pontos de referência retratados que você conhece.

b) Com a ajuda do professor, anote o estado onde se localizam.

2 Procure, em jornais ou revistas, a foto de uma construção considerada um ponto de referência importante do estado onde você vive. Cole-a no espaço abaixo. Se preferir, faça um desenho. Depois, complete conforme pedido.

Estado onde moro: ______________________________

Referência importante no estado onde moro: ______________________

Percursos e pontos de referência

Você vai conhecer dois percursos: um em Curitiba, no Paraná, e outro em Vitória, no Espírito Santo, onde a marca da contribuição indígena é bem evidente.

Neles, é possível observar pontos de referência que contam um pouco da história e da cultura local. Para a localização de um turista, por exemplo, esses pontos são importantes.

Em Curitiba, o trajeto começa no largo da Ordem, considerado o berço histórico da cidade. A marca da contribuição indígena está apresentada no final do percurso.

tropeiros: condutores de tropa de animais.

CURITIBA – Estado do Paraná

1 Largo da Ordem O nome oficial é largo Coronel Enéas. O bebedouro do largo da Ordem foi construído no século 18 para dar de beber às tropas de mulas dos **tropeiros**, que iam do Rio Grande do Sul até São Paulo.

2 Passeio Público

O Passeio Público é o parque mais central e o mais antigo de Curitiba. Foi inaugurado em 1886. Nessa época, sua iluminação era feita por lampiões alimentados por óleo de peixe ou de baleia.

3 Teatro Guaíra

O Teatro Guaíra é um dos maiores e mais importantes do país. Ele é um ponto de referência para os curitibanos e um dos mais belos cartões-postais da cidade.

5 Símbolo da fundação de Curitiba

O símbolo representa um marco histórico de 1693, quando Curitiba era considerada uma vila. Segundo a lenda, o local foi escolhido pelo cacique Tindiquera, do povo Tingui. Hoje chama-se praça Tiradentes.

4 Rua das Flores

A rua das Flores fica no centro de Curitiba. Foi a primeira rua do Brasil a ser fechada para o trânsito de veículos. Desde 1971 é um calçadão.

Ilustrações: Félix Reiners/Arquivo da editora

Percurso elaborado pelas professoras Salete Kozel e Larissa T. S. de Lima para esta obra.

Mapa: Banco de imagens/Arquivo da editora

Em Vitória, o percurso começa no bairro Paneleiras de Goiabeiras. Esse bairro é muito conhecido, pois é onde trabalham as **artesãs** que produzem panelas de barro, utilizadas na culinária da região e muito procuradas por turistas.

O saber envolvido na confecção artesanal das paneleiras de Goiabeiras é considerado **patrimônio imaterial**.

artesãs: mulheres que praticam arte ou ofício que depende de suas habilidades manuais.

patrimônio imaterial: conhecimentos, técnicas, práticas, modos de criar, fazer e viver, entre outros, transmitidos de geração em geração e constantemente recriados por comunidades e grupos.

VITÓRIA – Estado do Espírito Santo

Ilustrações: Félix Reiners/Arquivo da editora

1 Paneleiras de Goiabeiras

No bairro de Goiabeiras, encontra-se o galpão onde é produzido o artesanato mais tradicional do Espírito Santo, que é a panela de barro, de origem indígena.

2 Planetário de Vitória

Fica na Universidade Federal do Espírito Santo. No planetário, as pessoas aprendem sobre estrelas, planetas e outros astros. As imagens do planetário são projetadas no teto arredondado.

3 Parque Pedra da Cebola

O parque foi construído no local onde havia uma pedreira abandonada. Hoje abriga áreas para lazer e esportes. Nele há uma rocha que se parece com uma cebola.

4 Praia de Camburi

É a maior praia do município de Vitória. Da praia é possível ver o porto de Tubarão. Desse porto saem minério de ferro e grãos que são vendidos a outros países.

Percurso elaborado pela professora Gisele Girardi para esta obra.

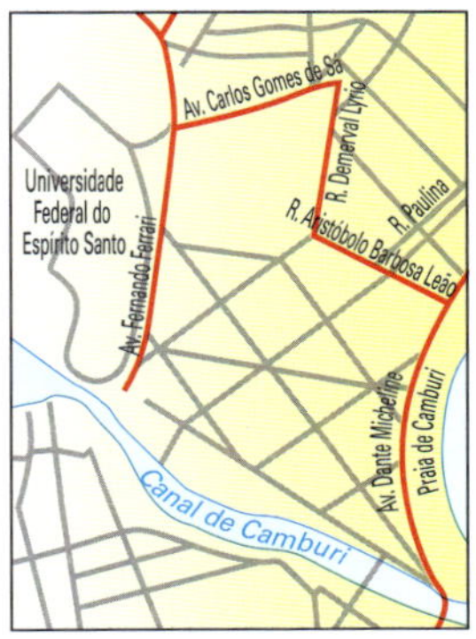

Mapa: Banco de imagens/Arquivo da editora

1 Escolha um percurso no lugar onde você mora. Defina um ponto de referência para o começo e outro para o final dele. Anote abaixo.

____

____

2 Agora, anote no caderno outros pontos de referência desse percurso. Se possível, pesquise e escreva no caderno algumas informações sobre eles.

3 Desenhe seu percurso com os pontos de referência e as informações que você encontrou sobre eles, como foi feito nas páginas 18 e 19. Pergunte a uma pessoa adulta se há pontos de referência culturais importantes no lugar onde vocês moram. Escreva também uma informação de algum grupo ou povo ligado aos pontos de referência.

Meu percurso: ____

____

Minha coleção de palavras em Geografia

Neste capítulo começamos a trabalhar com localização.

LOCALIZAÇÃO

1. Quais maneiras de indicar a localização você estudou?
2. Como você indicaria a sua localização na sala de aula?

Saiba mais

Você estudou no início deste capítulo que os pontos de referência são importantes para a nossa localização. Eles são diferentes de acordo com os modos de vida dos diferentes grupos sociais.

Observe nas fotos ao lado como um pequeno comércio, na área rural, por exemplo, pode se transformar em um ponto de encontro e de referência para pessoas que moram ali.

Já um posto de abastecimento de combustível no meio de um rio, além de ser um ponto de referência, mostra a importância do rio na vida das comunidades ribeirinhas e revela um pouco sobre seu modo de vida.

A definição das palavras destacadas está no **Glossário**, página 150.

Comércio na área rural em Juara, no estado de Mato Grosso, 2018.

Posto de combustível flutuante no rio Negro, estado do Amazonas, 2017.

1. No lugar onde você mora, existem pontos de referência parecidos com esses? O que eles revelam sobre o modo de vida da comunidade?
2. Qual é esse ponto de referência? Onde ele fica?

Assim também aprendo

Chico Bento mora na roça. Lá, ele tem os próprios pontos de referência. Leia a tirinha.

SOUSA, Mauricio de. **Chico Bento**. São Paulo: Globo, n. 339, 2000.

1. Troque ideias com os colegas: Qual é o ponto de referência citado por Chico Bento?
2. Forme um grupo com mais três colegas. Com a orientação do professor, vocês vão inventar, desenhar e escrever uma tira ou uma história em quadrinhos em que apareçam pelo menos dois pontos de referência.

Pontos de vista

Desde os tempos mais antigos, as pessoas fazem desenhos ou representações de objetos e lugares.

Os objetos e lugares podem ser observados e representados de diferentes pontos de vista. Dependendo do ponto de vista, é possível ver um ou mais lados de um objeto ou de um lugar.

Clarice fotografou a casinha do Totó, seu cachorro, de diferentes pontos de vista. Observe essas situações nas ilustrações abaixo.

Ilustrações: Cláudio Chiyo/Arquivo da editora

Clarice tirou uma foto de frente.

Depois, ela tirou uma foto do alto e de lado.

E por último, uma foto do alto, exatamente de cima para baixo.

Olhando as fotos, Clarice desenhou a casinha do Totó nesses diferentes pontos de vista. Observe como ficaram os desenhos.

1

Visão de frente.

2

Visão oblíqua.

3

Visão vertical.

Ilustrações: Cláudio Chiyo/Arquivo da editora

1 Qual é a parte da casinha que você vê em cada desenho? Assinale com **X** uma das opções.

- Desenho 1: A frente | A frente e o telhado | Apenas o telhado
- Desenho 2: A frente | A frente e o telhado | Apenas o telhado
- Desenho 3: A frente | A frente e o telhado | Apenas o telhado

2 Qual é o desenho em que **não** se vê a placa com o nome do cachorro? Que ponto de vista foi usado?

____

3 Qual é o desenho em que você consegue ver melhor a entrada da casinha?

____

Diferentes visões

Os lugares também podem ser observados e representados de diferentes pontos de vista. Observe as imagens desta página e da seguinte.

Léo Fanelli/Arquivo da editora

Ilustra Cartoon/Arquivo da editora

Este desenho indica como a foto foi tirada: do alto e de lado (visão oblíqua).

Ricardo Moreira/Fotoarena

Foto aérea de um trecho de Pereiras, no estado de São Paulo, 2017.

Essa foto foi tirada de um **VANT** (drone).

A casa de Fernanda, a escola em que ela estuda e os outros elementos retratados são vistos nessa fotografia do alto e de lado. É a **visão oblíqua**.

VANT: veículo aéreo não tripulado, popularmente conhecido como drone. É controlado remotamente por um computador.

Ilustra Cartoon/Arquivo da editora

Este desenho indica como a imagem foi tirada: exatamente de cima para baixo (visão vertical).

WV3/ENGESAT

Imagem de satélite do mesmo local da foto da página 24, 2017.

Casa de Fernanda

Escola

Essa imagem foi feita por um **satélite**.

Nessa imagem, a casa, a escola e os outros elementos são vistos do alto, exatamente de cima para baixo. É a **visão vertical**.

satélite: objeto ou veículo posto em órbita ao redor da Terra para fazer observações e pesquisas espaciais, coletar informações, etc.

1. Como a casa de Fernanda foi representada nas duas imagens?

____

____

2. Compare as imagens e apresente as principais diferenças entre elas.

Representações de objetos

Você viu que os lugares e os objetos podem ser observados, fotografados ou representados de diferentes pontos de vista.

Vamos agora representar objetos com base em fotografias na visão vertical.

1 Observe as fotografias. Desenhe, no terceiro quadro, o que falta para completá-lo. Use a visão vertical.

Ilustrações: Félix Reiners/Arquivo da editora

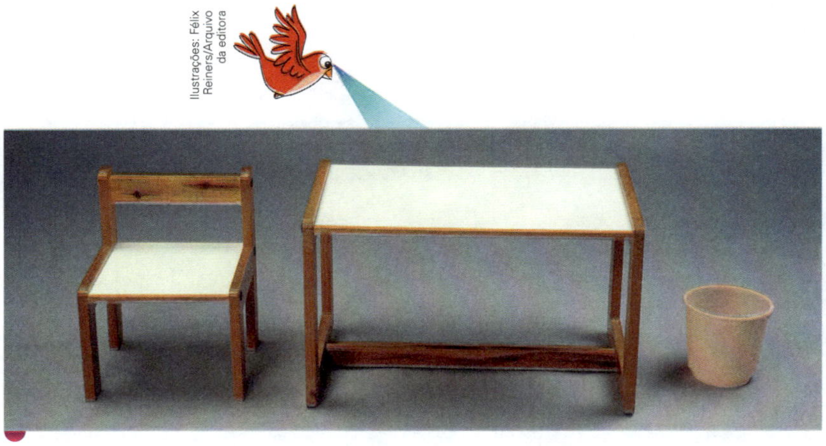

Fotos: André Toledo Sader/Acervo da autora

Cadeira, mesa e cesto de lixo na visão oblíqua.

Os mesmos objetos da foto acima, mas na visão vertical.

Acervo da autora/Arquivo da editora

Representação dos objetos.

2 As peças de madeira foram fotografadas na visão oblíqua e na visão vertical. Faça a representação dessas peças nos quadros a seguir com base na fotografia na visão vertical.

Ilustrações: Félix Reiners/Arquivo da editora

Fotos: André Toledo Sader/Acervo da autora

3 Vamos agora ver o que você aprendeu sobre os pontos de vista? Observe diferentes fotos de um mesmo copo.

As imagens não estão representadas em proporção.

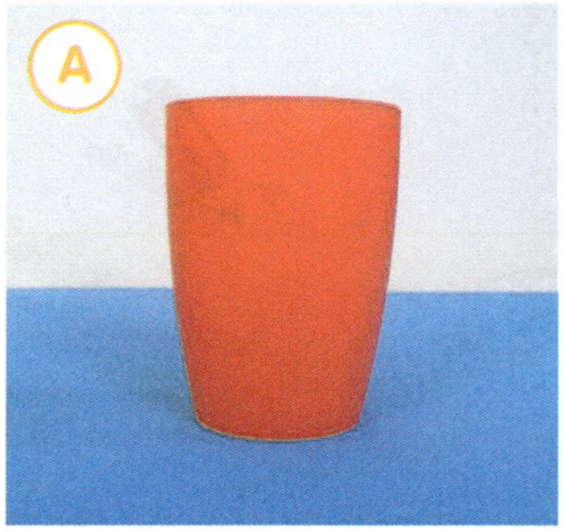

Hely Demutti/Acervo da autora

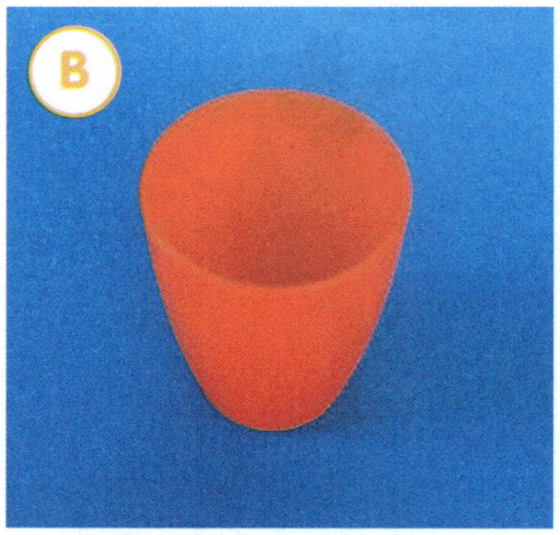

Hely Demutti/Acervo da autora

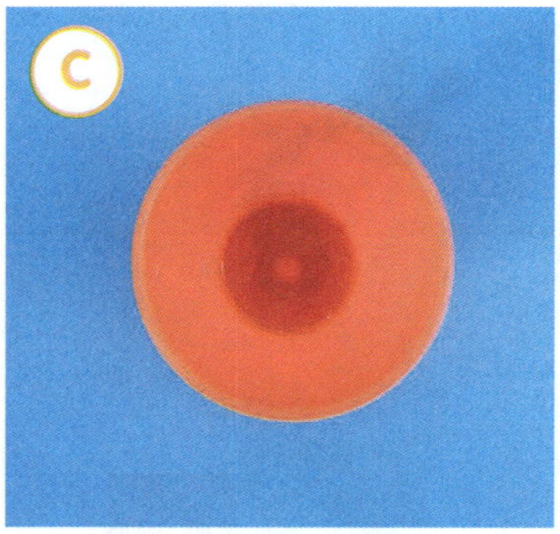

Hely Demutti/Acervo da autora

a) Agora, observe as fotos abaixo.

Sérgio Dotta/Next Image

Sérgio Dotta Jr./Arquivo da editora

Sérgio Dotta/Next Image

Sérgio Dotta Jr./Arquivo da editora

Sérgio Dotta/Next Image

Sérgio Dotta/Next Image

b) Anote os números das fotos que representam:

- a mesa de cabeceira: ______.
- as flores: ______.
- a mesa: ______.

c) Em quais fotos é possível ver a altura dos objetos? ______.

d) Escolha um copo plástico bem simples e desenhe-o no seu caderno nos diferentes pontos de vista, como mostram as fotos A, B e C.

4 Que tal um desafio maior?

a) Em revistas, jornais ou folhetos de propaganda, procure imagens de objetos, pessoas, locais, paisagens, etc. em diferentes pontos de vista. Mas atenção: você precisa encontrar imagens nos três pontos de vista!

b) Cole as imagens no quadro abaixo.

c) Depois, ligue as imagens ao ponto de vista correspondente.

DE FRENTE Visão de frente	DO ALTO E DE LADO Visão oblíqua	DO ALTO, EXATAMENTE DE CIMA PARA BAIXO Visão vertical

Capítulo 2

A vida longe da cidade

O que você sabe sobre a vida no campo?

Para iniciar

Leia o trecho da letra da canção a seguir, que fala um pouco sobre a vida no campo.

Vida no campo

O galo cantou, é de manhã
A barra do dia, dourada vem surgindo
Clariô
A passarada acorda fazendo festa
A natureza sorrindo

A vida no campo é fruta madura
Amizade é coisa pura, é mel no coração
Gado no curral, cuscuz com leite
Café com queijo, eu gosto é de um requeijão
Vou lhe falar: não troco essa vida
Por nada desse mundo
Não saio desse lugar
[...]

CRUZ, Juraildes da. Vida no campo. Intérpretes: Juraildes da Cruz e Xangai. In: **Nóis é jeca mais é joia**. São Paulo: Kuarup Discos, 2004. 1 CD. Faixa 2.

Giz de Cera/Arquivo da editora

1. Que elementos o autor cita na letra da canção para descrever a vida no campo?

2. O autor da letra da canção diz que não troca essa vida por nada desse mundo. Em sua opinião, por que ele fala isso? Você concorda com ele? Por quê?

Vivendo no campo

Atualmente, no Brasil, a maioria das pessoas vive em cidades. Mas nem sempre foi assim. No passado, a população que vivia no campo era muito maior.

De acordo com os dados de 2010 do Instituto Brasileiro de Geografia e Estatística (IBGE), a cada 10 pessoas, duas vivem no campo, aproximadamente.

Como é o modo de vida no campo? Como são as paisagens do campo? Quais são as diferenças entre o campo e a cidade? Para começar, observe as fotos a seguir.

Ricardo Azoury/Pulsar Imagens

Petrolina, no estado de Pernambuco, 2015.

Sergio Ranalli/Pulsar Imagens

Nova Fátima, no estado do Paraná, 2017.

Delfim Martins/Pulsar Imagens

Tupirama, no estado do Tocantins, 2017.

Rubens Chaves/Pulsar Imagens

Santana do Mundaú, no estado de Alagoas, 2015.

- Com os colegas e o professor, compare as paisagens da cidade e do campo das fotos acima. Imagine como é o modo de vida nesses lugares e converse com a turma.

Povos indígenas e comunidades tradicionais

No campo, de modo geral, as pessoas têm um modo de vida mais ligado à terra e à natureza. É o caso da maioria dos povos indígenas e das comunidades tradicionais do Brasil.

Essa ligação com a terra e a natureza pode ser observada nas manifestações religiosas e culturais desses povos e comunidades, que apresentam uma característica particular: a transmissão oral de conhecimentos de pais para filhos.

Leia os textos e observe as fotos de algumas comunidades tradicionais do Brasil.

Sugestão de... Livro

Histórias da Cazumbinha, de Meire Cazumba. São Paulo: Companhia das Letrinhas, 2010.

Comunidades quilombolas

As comunidades quilombolas são formadas por descendentes de africanos que foram escravizados e trazidos à força para o Brasil e que resistiram à escravidão. Eles fugiram do trabalho forçado e fundaram quilombos para viver em liberdade.

Essas comunidades praticam a **agricultura de subsistência**, ou seja, as pessoas produzem alimentos para o próprio consumo.

Nessas comunidades são tradicionais as festas que misturam influências da cultura negra africana e da cultura portuguesa, como a **congada** e o **jongo**.

Andre Dib/Pulsar Imagens

Comunidade quilombola Kalunga, em Cavalcante, no estado de Goiás, 2017.

Seringueiros

Os seringueiros vivem da extração do látex das seringueiras. O látex dá origem à borracha, usada pelas indústrias para a fabricação de vários produtos.

Eles praticam a agricultura de subsistência e, na época mais chuvosa do ano, trabalham como coletores de castanhas.

Os seringueiros têm uma história de luta contra a devastação das florestas, principalmente da Floresta Amazônica, onde há grande quantidade de seringueiras.

Andre Dib/Pulsar Imagens

Seringueiro extraindo látex no seringal Vitória Nova, em Tarauacá, no estado do Acre, 2017.

Caiçaras

Os caiçaras descendem principalmente de indígenas e portugueses. Eles vivem no litoral brasileiro e seu modo de vida consiste em cultivar alimentos, como a mandioca, pescar, fazer artesanato e extrair recursos de origem vegetal.

Algumas comunidades caiçaras também vivem do **ecoturismo** e da produção e cultivo da palmeira produtora do palmito pupunha.

As festas caiçaras resgatam a influência de seus povos de origem, como o fandango e a Folia do Divino, de influência portuguesa, por exemplo.

Edson Sato/Pulsar Imagens

Caiçaras em Paraty, no estado do Rio de Janeiro, 2016.

ecoturismo: turismo que respeita e conserva o ambiente, feito em áreas de vida selvagem ou de beleza natural.

Quebradeiras de coco-babaçu

As quebradeiras de coco são mulheres que vivem da coleta do coco-babaçu. Essa atividade tradicional é passada de mãe para filha. Enquanto trabalham, as mulheres cantam. Seus cantos de trabalho falam da vida, da valorização da mulher, da luta em defesa de seu modo de vida e de trabalho.

As quebradeiras de coco também produzem azeite e plantam alguns produtos agrícolas para consumo. Mas é a venda das sementes de coco-babaçu que garante a sobrevivência dessas comunidades.

Ricardo Azoury/Pulsar Imagens

Quebradeiras de coco-babaçu em Viana, no estado do Maranhão, 2019.

1. Quais são as semelhanças entre o modo de vida das comunidades apresentadas? Comente com os colegas.

2. Quais são as diferenças entre o modo de vida das comunidades tradicionais apresentadas e o seu?

3. Por que a natureza é tão importante para essas comunidades?

Saiba mais

O povo Munduruku

Sugestão de...
Livro
Kunumi Guarani, de Werá Jeguaka Mirim. São Paulo: Panda Books, 2014.

O povo indígena Munduruku vive na Floresta Amazônica, nos estados do Pará e do Amazonas. É um povo de tradição guerreira, com grande riqueza cultural. Suas canções, acompanhadas por flautas, falam sobre o cotidiano, frutos e animais.

Os Munduruku praticam a caça e a pesca e o cultivo de vários produtos, entre eles mandioca, banana, batata, cana-de-açúcar e cará. Eles acreditam que os **pajés** são responsáveis por manter a natureza em perfeito equilíbrio e que todos devem respeitá-la.

pajés: entre muitos povos indígenas, são os curandeiros e os orientadores espirituais da aldeia.

Agora, leia a história de Kabá Darebu, do povo Munduruku.

Macaco.

reisegraf.ch/Shutterstock
Cutia.

Tatu.

Fabio Colombini/Acervo do fotógrafo
Paca.

Capivara.

As imagens não estão representadas em proporção.

Kabá Darebu

Meu nome é Kabá Darebu.

Tenho 7 anos e sou do povo Munduruku.

Meu povo vive na Floresta Amazônica e gosta muito da natureza. [...]

Mamãe está sempre comigo: brincando, trabalhando na roça, tomando banho...

E quando papai chega da caça ou da pesca, eu corro logo para o colo dele... [...]

Às vezes, papai consegue caçar bastante coisa: macaco, tatu, cutia, paca, capivara.

Ele traz também muitos peixes. A gente come assado, frito, cozido. [...]

Nossos pais nos ensinam a fazer silêncio para ouvir os sons da natureza; nos ensinam a olhar, a conversar e a ouvir o que o rio tem para nos contar; nos ensinam a olhar o voo dos pássaros para ouvir notícias do céu... [...]

Nós gostamos de ser o que somos porque somos parte de um povo e temos orgulho de nossa gente, de nossa história, de nossos antepassados. [...]

MUNDURUKU, Daniel. **Kabá Darebu**. São Paulo: Brinque-Book, 2002. p. 3, 6-9, 18, 22.

1. Quais são os animais que o pai de Kabá Darebu caça? Sublinhe de **vermelho** no texto.

2. Apresentamos a foto de dois animais citados no texto. Agora, pesquise imagens dos outros animais e cole-as nos quadros correspondentes. Se você preferir, desenhe.

Pontos de referência no campo

No início da unidade, você estudou os pontos de referência nas cidades. Agora, você vai ver os pontos de referência no campo, onde os principais elementos são da natureza.

> **Sugestão de...**
> ***Site***
> **Povos indígenas no Brasil Mirim**. Disponível em: <https://mirim.org/>. Acesso em: 12 nov. 2019.

Os povos indígenas são profundos conhecedores da floresta e seus caminhos. Na mata, quais podem ser os pontos de referência que os indígenas usam para se localizar?

Veja como um indígena do povo Ashaninka desenhou os caminhos e os pontos de referência de sua aldeia.

1 Observe no desenho abaixo a seta branca que mostra a direção em que o barco está percorrendo o rio para chegar até duas construções. O símbolo mostra a localização das construções, na beira do rio.

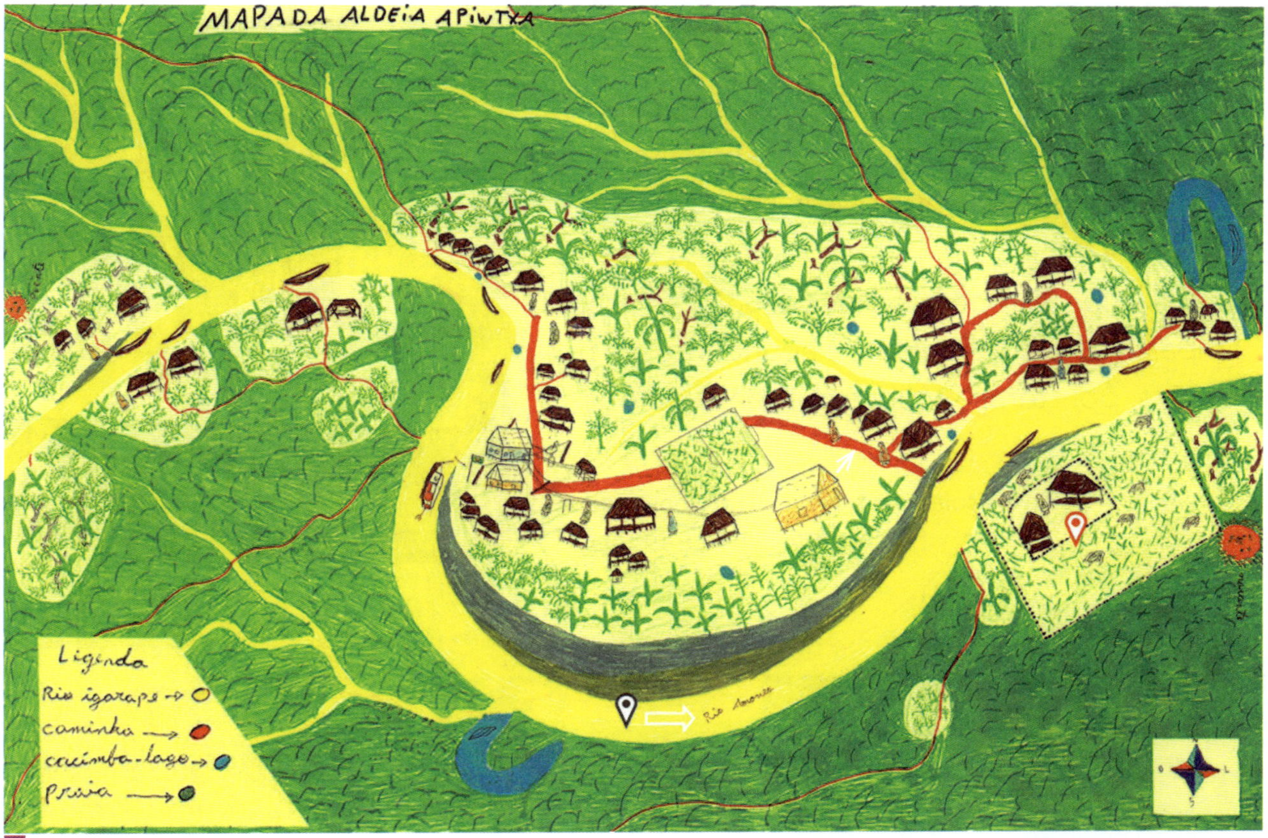

Professor Bebito Valdate Pinhata/CPI-Acre

Reprodução, com alterações, do mapa da aldeia Apiwtxa, feito por Bebito Valdate Pinhata, indígena da etnia Ashaninka.

2 A maior parte das construções indígenas está de qual lado do barco?

____

3 Escreva dois pontos de referência do lado direito do percurso do barco.

____

As mudanças causadas pela tecnologia

Uma grande variedade de novos produtos e serviços é oferecida à população graças ao desenvolvimento de novas tecnologias. Boa parte dos brasileiros faz uso da tecnologia no dia a dia.

A cidade e o campo são atingidos pelo desenvolvimento tecnológico. Em alguns casos, o modo de vida e os costumes de uma comunidade podem mudar, pois as pessoas adquirem novos hábitos e são influenciadas pelas novas tecnologias.

Veja alguns exemplos de avanços tecnológicos que transformaram a vida das pessoas.

Energia solar

As placas para geração de energia proveniente da luz e do calor do Sol possibilitaram que comunidades no campo tivessem acesso à energia elétrica.

Esse tipo de energia é renovável (não acaba), limpa (não gera poluentes) e abundante em nosso país, pois temos muitos dias ensolarados.

Ismar Ingber/Pulsar Imagens

Placas solares em Novo Airão, no estado do Amazonas, foto de 2015.

Andre Dib/Pulsar Imagens

Energia eólica

A energia gerada a partir da força dos ventos, chamada energia eólica, também permitiu que muitas pessoas tivessem acesso à energia elétrica. Esse tipo de energia também é considerado uma energia renovável e limpa.

Usina eólica em Camocim, no estado do Ceará, foto de 2015.

Satélites

A tecnologia desenvolvida com o uso de satélites permitiu grandes mudanças nos meios de comunicação, transformando diretamente nosso dia a dia e o trabalho no campo.

Sergio Ranali/Pulsar Imagens

Colheitadeira equipada com computador de bordo e rastreador via satélite em Ibiporã, no estado do Paraná. Foto de 2016.

1. Discuta com os colegas e o professor: Como os meios de comunicação ajudam a divulgar a cultura de um lugar?

2. Você acha que as novas tecnologias podem acabar com a cultura de um povo?

3. Forme dupla com um colega para responder às questões a seguir, no caderno.

   a) Que mudanças a energia elétrica pode trazer para a vida das pessoas que moram no campo?

   b) Como você acha que as pessoas se comunicavam nesses lugares antes da internet e do telefone?

   c) Com a ajuda do professor, encontrem exemplos de como os satélites fazem parte de seu dia a dia, em sua moradia ou na escola.

Minha coleção de palavras em Geografia

Nós moramos no Brasil. O Brasil é dividido em 26 estados e um Distrito Federal.

ESTADO

1. O que é estado?
2. Em qual estado você nasceu?

Tecendo saberes

No passado, as pessoas costumavam se comunicar por cartas. Em alguns lugares do Brasil, com pouca oferta de serviço telefônico ou de internet, a carta continua sendo um importante meio de comunicação.

Depois de escrita, a carta é colocada em um envelope com o endereço do **remetente** de um lado e do **destinatário** do outro. Em seguida, o envelope é selado e depositado em uma caixa dos Correios. Após alguns dias, a carta chega ao seu destino.

remetente: pessoa que envia a carta.

destinatário: pessoa que vai receber a carta.

Atualmente, graças à tecnologia, as pessoas costumam usar o telefone celular para trocar mensagens eletrônicas de texto, fotos e áudios. As mensagens eletrônicas de texto, além de palavras, são acompanhadas de ícones ou figuras que expressam sentimentos e ilustram a informação. São os chamados *emojis* e *emoticons*.

1 Leia, a seguir, a carta que Clara escreveu para Maya e veja o envelope que será colocado nos Correios.

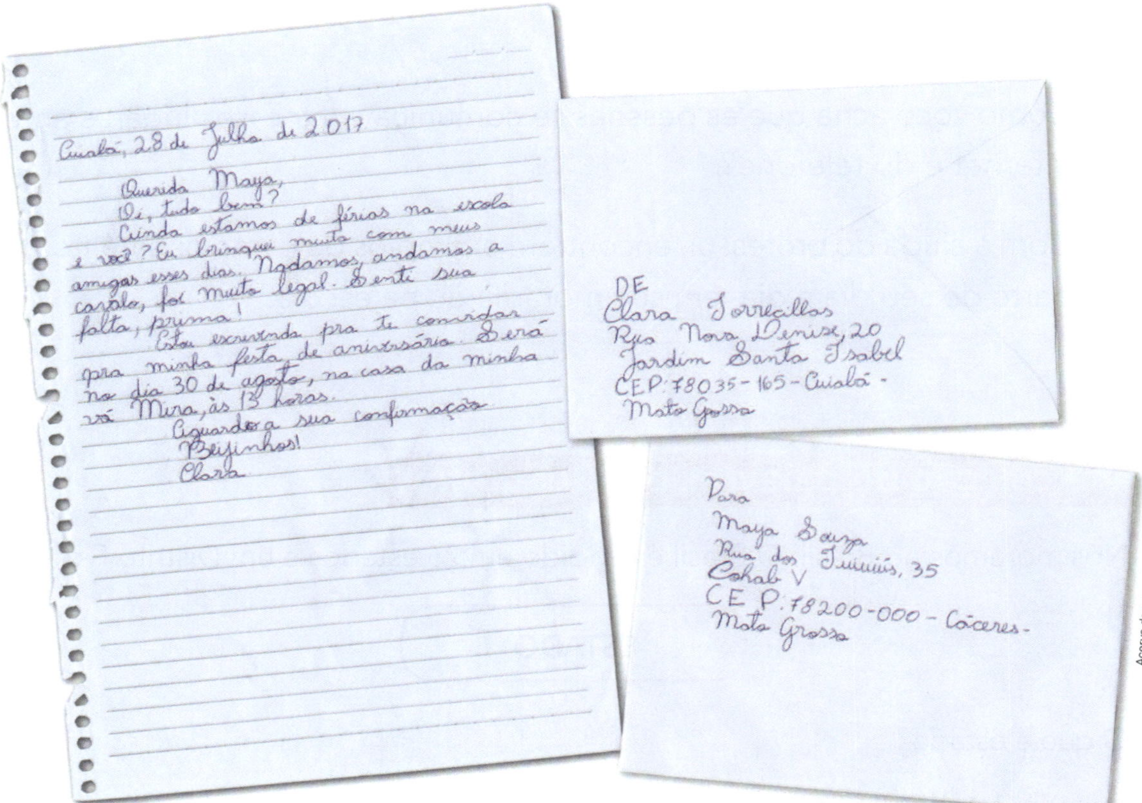

Cuiabá, 28 de Julho de 2017

Querida Maya,

Oi, tudo bem?

Ainda estamos de férias na escola e você? Eu brinquei muito com meus amigas esses dias. Nadamos, andamos a cavalo, foi muito legal. Senti sua falta, prima!

Estou escrevendo pra te convidar pra minha festa de aniversário. Será no dia 30 de agosto, na casa da minha vó Mira, às 13 horas.

Aguardo a sua confirmação

Beijinhos!

Clara

DE
Clara Torrecillas
Rua Nova Denise, 20
Jardim Santa Isabel
CEP: 78035-165 - Cuiabá -
Mato Grosso

Para
Maya Souza
Rua dos Tuiuiús, 35
Cohab V
CEP: 78200-000 - Cáceres -
Mato Grosso

Acervo da autora/Arquivo da editora

Reprodução de carta de criança, 2017.

2 Agora, leia na ilustração as mensagens eletrônicas trocadas entre Clara e Bruno com a ajuda dos pais.

Giz de Cera/Arquivo da editora

3 Compare as duas formas de comunicação.

a) Quais semelhanças você identifica entre elas?

____

____

____

b) E quais são as principais diferenças?

____

____

____

____

c) Qual dessas duas formas de comunicação você costuma utilizar?

4 Que tal escrever uma carta a um colega e enviá-la pelo correio? O professor vai sortear as duplas. Cada um vai enviar uma carta e receber outra do colega. Atenção: Para escrever a carta e os endereços no envelope, peça a ajuda dos seus pais ou responsáveis.

O que estudamos

Eu escrevo e aprendo

Nesta atividade você vai utilizar a **linguagem escrita** para retomar o que estudou na unidade. Escreva abaixo uma frase sobre o que você estudou em cada capítulo.

Capítulo 1 – Os lugares da cidade

____

____

____

Capítulo 2 – A vida longe da cidade

____

____

____

Minha coleção de palavras em Geografia

Em cada capítulo desta unidade há uma palavra destacada para a sua coleção de palavras em Geografia. São palavras comuns em textos de Geografia e vão ajudar você a compreender melhor todos eles. Reveja essas palavras ao lado.

LOCALIZAÇÃO, página 20.

ESTADO, página 37.

1. O que você aprendeu com essas duas palavras? Converse com os colegas e o professor.
2. Em um quadro no caderno, escreva essas duas palavras e o significado de cada uma delas. O significado deve estar relacionado ao que você aprendeu no capítulo.

Eu desenho e aprendo

Nesta atividade você vai utilizar a **linguagem gráfica** para retomar o que estudou na unidade. Desenhe abaixo o que você considerou mais importante em cada capítulo. Se preferir, faça uma colagem.

Capítulo 1 – Os lugares da cidade

Capítulo 2 – A vida longe da cidade

Hora de organizar o que estudamos

Diferentes pontos de vista

- Visão de frente.

- Visão oblíqua.

- Visão vertical.

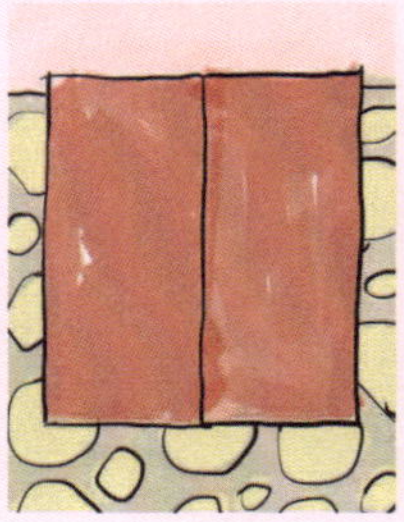

Ilustrações: Cláudio Chiyo/Arquivo da editora

Pontos de referência para a localização

- Pontos de referência para localização no dia a dia, na cidade e no campo.
- Pontos de referência no Brasil.

Léo Fanelli/Arquivo da editora

Exemplos de avanços da tecnologia

- Energia solar.

Ismar Ingber/Pulsar Imagens

Placas solares em Novo Airão, no estado do Amazonas, foto de 2015.

- Energia eólica.

Andre Dib/Pulsar Imagens

Usina eólica em Camocim, no estado do Ceará, foto de 2015.

- Satélites.

Sergio Ranalli/Pulsar Imagens

Colheitadeira equipada com computador de bordo e rastreador via satélite em Ibiporã, no estado do Paraná. Foto de 2016.

Comunidades tradicionais

- Comunidades quilombolas.

Andre Dib/Pulsar Imagens

Comunidade quilombola Kalunga, em Cavalcante, no estado de Goiás, 2017.

- Seringueiros.

Andre Dib/Pulsar Imagens

Seringueiro extraindo látex no seringal Vitória Nova, em Tarauacá, no estado do Acre, 2017.

- Caiçaras.

Edson Sato/Pulsar Imagens

Caiçaras em Paraty, no estado do Rio de Janeiro, 2016.

- Quebradeiras de coco-babaçu.

Ricardo Azoury/Pulsar Imagens

Quebradeiras de coco-babaçu em Viana, no estado do Maranhão, 2019.

Para você refletir e conversar

- Qual assunto você achou mais importante nesta unidade? E qual achou mais difícil de entender?
- Você acha importante aprendermos sobre as diferentes formas de localização? Por quê?
- Você consegue perceber como a tecnologia faz parte do seu dia a dia? Converse com os colegas e o professor.

Unidade

2 Representações cartográficas

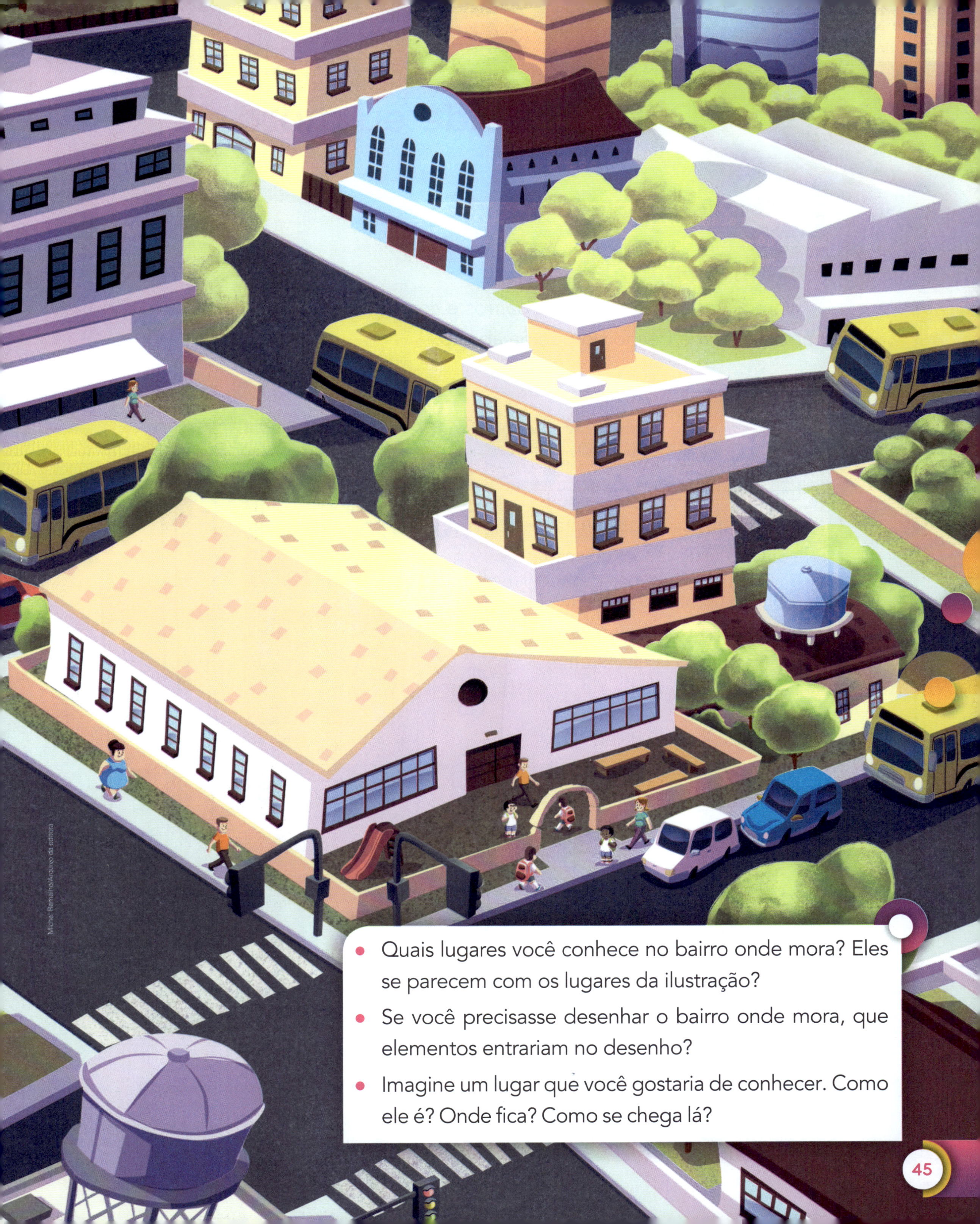

Michel Ramalho/Arquivo da editora

- Quais lugares você conhece no bairro onde mora? Eles se parecem com os lugares da ilustração?
- Se você precisasse desenhar o bairro onde mora, que elementos entrariam no desenho?
- Imagine um lugar que você gostaria de conhecer. Como ele é? Onde fica? Como se chega lá?

Capítulo 3

O bairro onde eu moro

Como é o bairro onde você mora?

Para iniciar

Vamos ver o que existe nos bairros e como podemos representá-los. Para começar, leia o trecho do poema abaixo.

Amigos do peito

[...]
O bairro onde moro é assim,
tem gente de tudo que é jeito.
Pessoas que são muito chatas,
e um monte de amigos do peito:

o Bruno do prédio da frente,
o Ricardo do sétimo andar,
o irmão da Lúcia da esquina,
o filho do dono do bar.

O nome completo deles
eu nunca sei, ou esqueço.
Amigo não tem sobrenome:
amigo tem endereço.

THEBAS, Cláudio. **Amigos do peito**. São Paulo: Formato, 2011. p. 12-13.

Léo Fanelli/Arquivo da editora

1. Quem são os amigos citados no poema?
2. Como se chamam os seus amigos do bairro?
3. Qual é o nome do bairro onde você mora?

Conhecer o bairro

Existem diferentes tipos de bairro em uma cidade. Podemos perceber as diferenças entre os bairros observando os tipos de construção, o movimento de pessoas e veículos nas ruas e os serviços que são oferecidos à população.

Sugestão de...
Livro
O bairro do Marcelo, de Ruth Rocha. São Paulo: Salamandra, 2011.

1 Observe as fotos de alguns bairros brasileiros muito famosos.

Cassiohabib/Shutterstock

Bairro do Pelourinho, em Salvador, no estado da Bahia, 2017.

Alf Ribeiro/Shutterstock

Bairro da Liberdade, em São Paulo, no estado de São Paulo, 2016.

Sunshine Pics/Alamy/Fotoarena

Vila Germânica no bairro da Velha, em Blumenau no estado de Santa Catarina, 2016.

a) De qual desses bairros você já ouviu falar?

b) O que chama sua atenção na foto do bairro da Liberdade? Ela revela características culturais de qual povo?

c) E o que chama sua atenção na foto dos outros bairros?

2 Onde você mora existe algum bairro conhecido pelas características trazidas por outros povos? Anote o nome do bairro e escreva por que ele é famoso.

____

____

Saiba mais

Com o professor, leia o que Alice conta a respeito do bairro onde mora e dos bairros vizinhos.

Léo Fanelli/Arquivo da editora

A avenida onde eu moro fica no bairro Brasil.

O bairro é uma parte da cidade. Eu moro numa **casa**, que fica numa **rua** de um **bairro** da **cidade** de Vitória da Conquista.

Eu percebi que os bairros não são iguais. Eles não têm o mesmo tamanho, não têm o mesmo tipo de construção, não têm as mesmas pessoas, nem o mesmo movimento. Descobri isso quando fui visitar minhas primas, Malu e Catarina, que moram no bairro Candeias.

Quem me levou foi mãinha. Nós pegamos um ônibus na rua onde eu moro. Sentei perto da janela e fui observando a paisagem.

Primeiro passamos por algumas ruas do meu bairro onde as casas comerciais são em maior número. Mas no meu bairro também há ruas onde predominam as casas residenciais e ruas com residências e comércio.

Em uma parte do percurso, eu já não via mais muita gente, nem muitos carros e lojas; via agora várias casas residenciais. Perguntei à mãinha onde estávamos. Ela respondeu que estávamos no bairro Recreio e que mais um pouco chegaríamos ao bairro Candeias, onde minhas primas moram. São dois bairros onde há, em grande parte, casas, alguns edifícios e algumas lojas.

Quando nós chegamos, Malu e Catarina estavam nos esperando. Brincamos a tarde toda. Foi muito divertido!

Para ir da minha casa à casa das minhas primas, eu atravesso alguns bairros, pois moro no bairro Brasil e minhas primas moram no bairro Candeias.

FERRAZ, Ana Emília de Quadros. **Vitória da Conquista:** quero te conhecer. Vitória da Conquista: Edições Uesb, 2007. p. 7-9, 11-12, 15. (Adaptado.)

Vitória da Conquista (Bahia): bairros urbanos – 2013

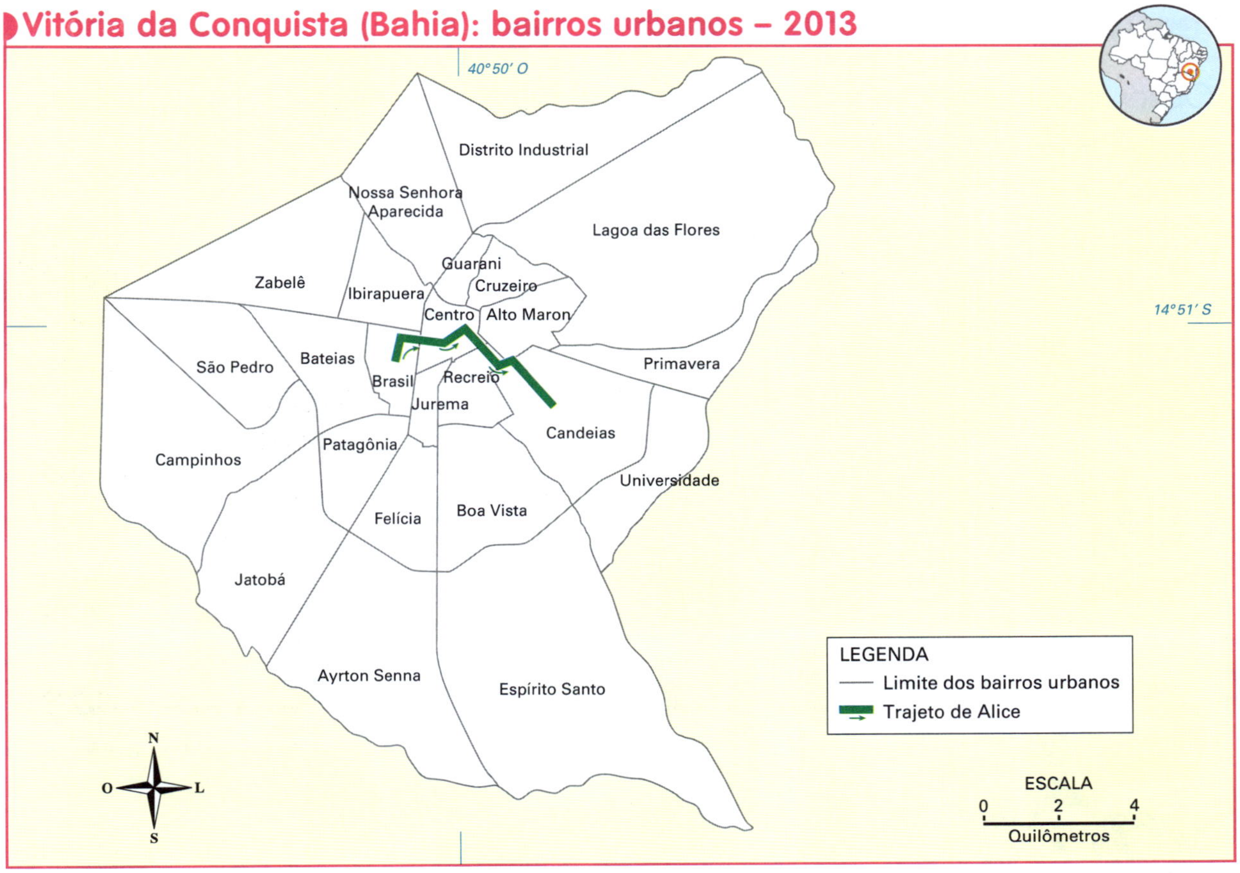

Banco de imagens/Arquivo da editora

Elaborado com base em: OLIVEIRA, Edvaldo; OLIVEIRA, Débora P. de A. Desafios para a delimitação cartográfica digital dos bairros da cidade de Vitória da Conquista – Bahia. In: **Tempos, espaços e representações:** abordagens geográficas e históricas. Itapetinga: Edições Uesb, 2013. p. 15.

1. Faça as atividades a seguir no mapa do caminho que Alice fez para ir à casa das primas:

   a) Trace o caminho mais curto para Alice voltar para casa.

   b) Pinte de verde os dois bairros com maior área.

   c) Pinte de vermelho o bairro que está à direita do bairro Felícia.

2. Complete as lacunas com o nome dos bairros de acordo com o texto e com o mapa.

   a) Alice partiu do bairro Brasil (onde mora), passou pelo Centro, pelo bairro ______________________ e chegou ao bairro ______________________.

   b) Se Alice tivesse feito o caminho mais curto, ela teria passado pelo bairro ______________________ e pelo bairro ______________________.

3. Quais são as diferenças entre os bairros Brasil e Candeias? Sublinhe-as no texto. Em **verde**, o bairro Brasil e, em **vermelho**, o bairro Candeias.

4. Em duplas, comparem as paisagens no percurso feito pela menina e sua mãe.

Diferentes bairros de uma cidade

Observe com atenção as fotografias de alguns bairros da cidade de Vitória da Conquista, no estado da Bahia.

Sugestão de...
Livro
Meu bairro é assim, de César Obeid. São Paulo: Moderna, 2016.

João Prudente/Pulsar Imagens

Bairro comercial em Vitória da Conquista, no estado da Bahia, 2016.

Chico Ferreira/Pulsar Imagens

Bairro residencial em Vitória da Conquista, no estado da Bahia, 2019.

Caique Santos/Fotoarena

Bairro industrial em Vitória da Conquista, no estado da Bahia, 2020.

1 Observe as fotografias 1, 2 e 3.

a) Que construções predominam em cada bairro da cidade de Vitória da Conquista?

b) Que tipos de bairro são esses?

2 Preencha o quadro abaixo com as respostas da atividade 1.

Foto	Construções	Tipo de bairro
1		
2		
3		

3 Agora conte aos colegas: Em qual tipo de bairro você mora?

4 Você vai fazer uma breve pesquisa sobre o **bairro** em que vive. Faça as perguntas a seguir a um morador antigo do bairro e anote as respostas abaixo.

a) Há quanto tempo você mora no bairro?

b) O que mudou nesse bairro?

c) O que permaneceu no bairro?

Minha coleção de palavras em Geografia

Neste capítulo você estudou diferentes bairros. Agora, que tal descobrir o que você já sabe sobre o assunto?

BAIRRO

1. Como você explica a um amigo o que é um bairro?
2. Apresente à classe o nome de outro bairro da cidade onde mora.

Desenhar o bairro

Podemos representar o bairro usando fotografias, imagens de satélite e maquetes.

Você se lembra da Fernanda, que mora em frente à escola? As imagens a seguir são do bairro onde Fernanda vive. Elas mostram diferentes visões da escola e de seus arredores.

Observe e compare a fotografia aérea e a imagem de satélite. Que diferenças você nota entre elas?

Ilustra Cartoon/Arquivo da editora

Foto aérea da escola e seus arredores em Pereiras, no estado de São Paulo, 2017. Imagem na visão do alto e de lado.

Ricardo Moreira/Fotoarena

Ilustra Cartoon/Arquivo da editora

Imagem de satélite da escola e seus arredores em Pereiras, no estado de São Paulo, 2017. Imagem na visão de cima para baixo.

WW3/ENGESAT

Fernanda utilizou a imagem na visão vertical para representar parte do bairro onde mora. Veja como ela fez:

- Primeiro ela desenhou, recortou e montou, por meio de dobraduras, os principais elementos da imagem.
- Depois, colou tudo em uma cartolina, no lugar em que cada elemento aparece na imagem.

Fernanda construiu, com base na imagem na visão vertical, uma maquete. Veja abaixo como ficou essa maquete.

Ilustra Cartoon/Arquivo da editora

Foto da maquete da escola e seus arredores. **Visão do alto e de lado.**

André Toledo Sader/Acervo da autora

Ilustra Cartoon/Arquivo da editora

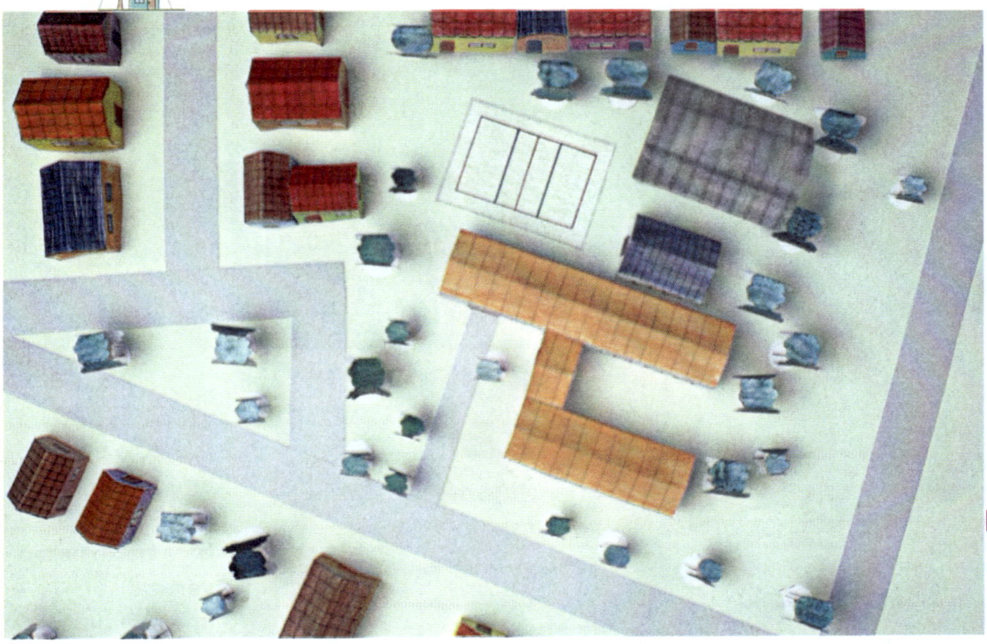

Foto da mesma maquete da escola e seus arredores. **Visão de cima para baixo.**

André Toledo Sader/Acervo da autora

1 Em duplas, comparem as duas fotos da maquete. O que elas representam?

2 Júnior, irmão de Fernanda, também quis construir uma maquete. Ele usou as mesmas imagens que a irmã, mas trabalhou de outra maneira, usando peças coloridas de madeira e cartolina. Reveja abaixo a fotografia aérea e a imagem de satélite do bairro e observe na página seguinte a maquete de Júnior.

Ilustra Cartoon/Arquivo da editora

A escola e seus arredores na visão do alto e de lado (**visão oblíqua**). Foto de 2017.

Ricardo Moreira/Fotoarena

Ilustra Cartoon/Arquivo da editora

A escola e seus arredores na visão de cima para baixo (**visão vertical**). Imagem de satélite de 2017.

WW3/ENGESAT

Ilustra Cartoon/Arquivo da editora

André Toledo Sader/Acervo da autora

Foto na visão oblíqua da maquete da escola e seus arredores.

Ilustra Cartoon/Arquivo da editora

André Toledo Sader/Acervo da autora

Foto na visão vertical da mesma maquete.

- Com os colegas e o professor, compare a maquete de Júnior com a de Fernanda. Comente as diferenças com a turma.

3 Fernanda e Júnior mostraram suas maquetes aos colegas. Eles tiveram a ideia de explicar melhor suas maquetes.

a) Reveja abaixo a foto da maquete de Fernanda e observe o desenho seguinte. O que a menina fez para explicar melhor sua maquete?

André Toledo Sader/Acervo da autora

Foto da maquete da escola e seus arredores feita por Fernanda. **Visão de cima para baixo.**

André Toledo Sader/Acervo da autora

Representação que Fernanda fez da escola e seus arredores e da legenda.

André Toledo Sader/Acervo da autora

b) Reveja a foto da maquete de Júnior e observe o desenho seguinte. O que ele fez para explicar melhor sua maquete?

André Toledo Sader/Acervo da autora

Foto da maquete da escola e seus arredores feita por Júnior. **Visão de cima para baixo.**

André Toledo Sader/Acervo da autora

Representação que Júnior fez da escola e seus arredores e da legenda.

André Toledo Sader/Acervo da autora

c) Compare as duas maquetes e suas representações. O que você observa?

d) Você faria alguma coisa diferente? Conte aos colegas.

Minhas representações

Agora é sua vez de fazer a maquete. Observe a fotografia aérea e a imagem de satélite a seguir.

Fotografia aérea da escola e seus arredores na cidade de Pereiras, no estado de São Paulo, 2017. **Visão oblíqua.**

Imagem de satélite da escola e seus arredores, em Pereiras, no estado de São Paulo, 2017.
Visão vertical.

Ilustra Cartoon/Arquivo da editora

1 Com os colegas, você vai construir a maquete da parte do bairro assinalada com a letra **A**, na foto da página 59.

a) Uma maquete pode ser feita de diferentes modos:

- Com dobraduras representando as árvores e as casas.
  Para isso, utilizem papel para fazer as ruas e a piscina e, depois, montem sua maquete em uma folha de cartolina.

- Com pequenas peças de madeira, como na maquete de Júnior.
  Para isso, montem sua maquete em uma folha de cartolina.

- Com sucata representando os elementos que aparecem na imagem.
  Para isso, montem sua maquete em uma tampa de caixa de sapatos.

Léo Fanelli/Arquivo da editora

b) Sua maquete já está pronta? Deve ter ficado bem bonita! Mostrem o que fizeram aos colegas e vejam o que eles criaram.

2 Agora faça como Fernanda e Júnior.

a) Observe a maquete na visão vertical.

b) Na página ao lado, represente o que você está vendo. Assim, você faz seu mapa de uma parte do bairro. Não se esqueça da legenda.

Representação da maquete do meu grupo

3 Outra forma de representar o bairro é fazer o desenho com base na imagem aérea do lugar. Observe as imagens abaixo e veja como ficou a representação que Maria fez.

Sergio Ranalli/Pulsar Imagens

Foto aérea de bairro de Pomerode, no estado de Santa Catarina, 2017. **Visão oblíqua**.

© 2017 DigitalGlobe/Google Earth

Imagem de satélite da mesma parte do bairro, 2017. **Visão vertical**.

Felix Reiners/Arquivo da editora

Representação de parte do bairro de Pomerode, no estado de Santa Catarina.

a) Que tal fazer a mesma coisa nas partes assinaladas com as letras **B** e **C** na imagem de satélite da página 59?

- Coloque um **papel vegetal** ou de seda sobre a foto e prenda-o com fita adesiva, fita-crepe ou clipe para não escorregar.
- Contorne os principais elementos da foto e pinte-os.

papel vegetal: tipo de papel transparente usado para a cópia de desenhos.

b) Quando terminar, cole abaixo sua representação feita no papel vegetal e anote os elementos representados.

Quadro B

Quadro C

Tecendo saberes

Vamos entender como são feitos os mapas? Observe na sequência de fotos abaixo como são feitas as imagens aéreas.

Manoel Novaes/Acervo da autora

Manoel Novaes/Acervo da autora

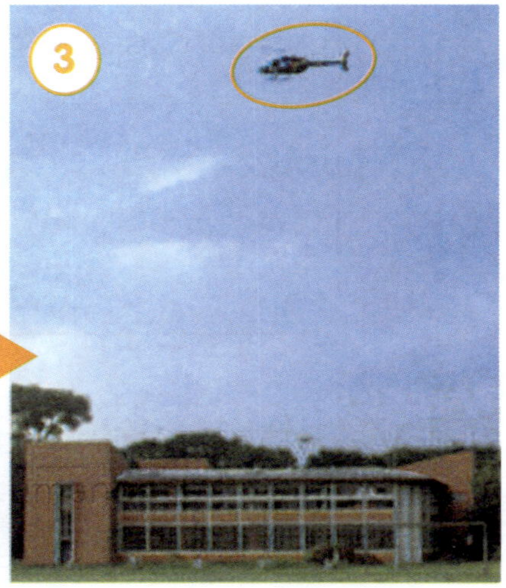

Manoel Novaes/Acervo da autora

Fotos de São Paulo, no estado de São Paulo, 2003. Na foto 1, o helicóptero prestes a decolar. Na foto 2, o prédio fotografado do chão, de frente. Na foto 3, o helicóptero está exatamente acima do prédio para tirar as fotos.

A foto abaixo foi tirada do helicóptero na situação retratada na foto 3, acima. É com base em imagens aéreas como essa que os mapas são feitos. Observe abaixo a foto e a representação feita a partir dela.

FUNDUSP-USP/Acervo da autora

Esta foto foi tirada do alto, de um helicóptero, exatamente de cima para baixo. **Visão vertical**.

Acervo da autora/Arquivo da editora

Com a foto na visão vertical, é possível fazer representações como esta.

1 Observe novamente a representação do prédio. Vamos medir seu tamanho com uma régua.

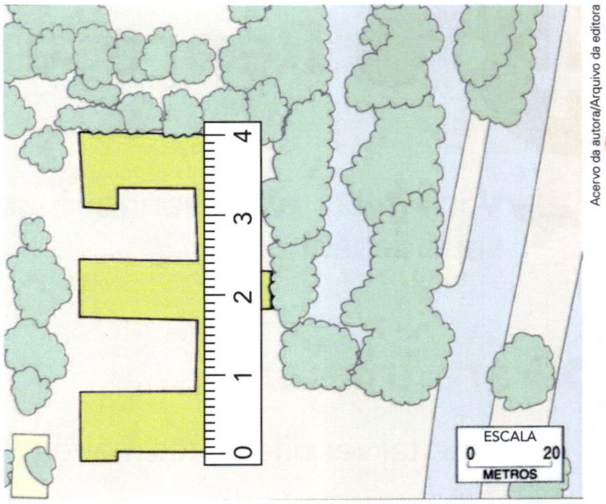

a) Quantos centímetros o prédio tem na representação?

____

b) O prédio foi reduzido para ser representado nessa página. Cada centímetro da representação equivale a 20 metros no terreno (no real). Qual é o comprimento do prédio, em metros, no terreno (no real)?

____

____

2 Agora, vamos elaborar uma legenda para a representação acima.

- Faça abaixo sua legenda, como Júnior fez na página 57. Não se esqueça de usar as mesmas cores que aparecem na representação.

3 Observe novamente a foto 2 da página anterior. Agora, desenhe o prédio visto de frente.

Capítulo 4

Representar lugares

Você gosta de desenhar lugares? O que você geralmente representa em seus desenhos?

Para iniciar

Que tal ver diferentes maneiras de representar um lugar? Este poema nos leva a pensar em uma das muitas maneiras de se fazer isso.

Uma cidade nova

Vamos juntos
criar uma cidade
de olhos de vidro
e de janelas azuis.

Uma cidade
de altas chaminés
onde pousem pássaros
e arco-íris.
[...]

Uma cidade
alegre e sem culpa
igualzinha à nossa
mas bem diferente.

CAPPARELLI, Sérgio. Uma cidade nova. **Tigres no quintal**. Porto Alegre: Kuarup, 1989. p. 27.

Giz de Cera/Arquivo da editora

1. Para você, o que seriam os olhos de vidro e as janelas azuis citados no poema?

2. De que maneira a cidade nova seria "igualzinha à nossa / mas bem diferente"?

Diferentes representações de lugares

Você se lembra de como Fernanda e Júnior representaram a escola e seus arredores? Você e os colegas também representaram parte de um bairro: observaram fotos, construíram uma maquete e desenharam um mapa.

Desenhos, pinturas, fotos, maquetes e mapas podem representar lugares.

As pessoas podem fazer representações diferentes de um mesmo lugar.

1 Observe a fotografia abaixo. Depois, veja na ilustração as pinturas que as crianças estão fazendo, com base nessa foto.

Andre Dib/Pulsar Imagens

Delfinópolis, no estado de Minas Gerais, 2016.

Giz de Cera/Arquivo da editora

a) Em sua opinião, qual é a principal diferença entre as duas representações?

b) De qual representação você gosta mais? Conte aos colegas e ao professor o motivo da sua escolha.

2 Algumas representações foram feitas há muito tempo. Elas são diferentes das representações de hoje em dia. Compare as quatro representações a seguir.

Mapa de povos antigos da América, feito em 1492. Observe que as distâncias dos caminhos são representadas por pegadas.

Mapa de parte do estado do Maranhão, feito por João Teixeira Albernaz, em 1615.

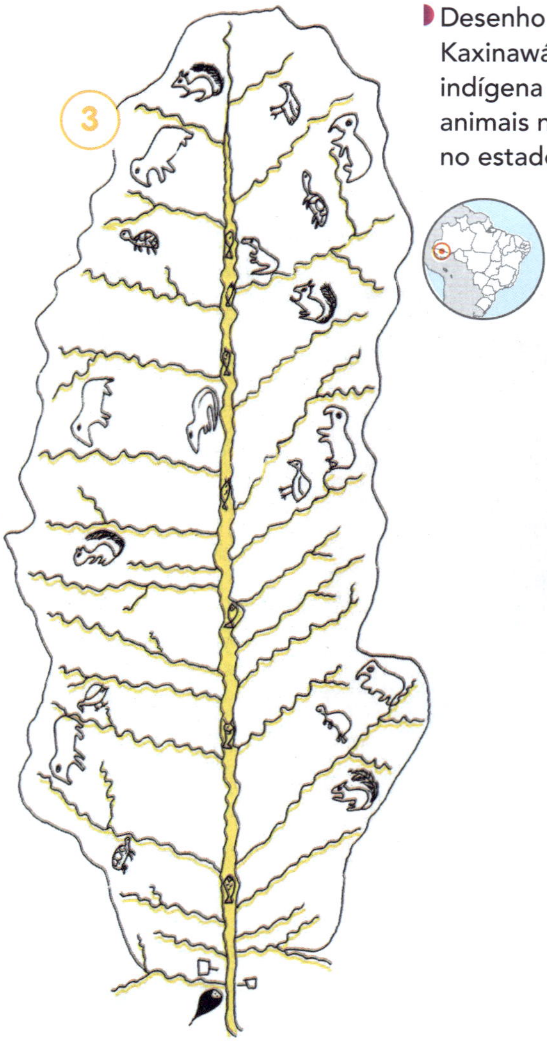

Reprodução/Comissão Pró-Índio, Acre

Desenho de Joaquim Kaxinawá, Francisco Kaxinawá e Manoel Kaxinawá. Representação indígena de locais onde habitam determinados animais na área indígena Kaxinawá do Jordão, no estado do Acre.

©2017 DigitalGlobe/Google Earth

Imagem de satélite de Caçu, no estado de Goiás, 2015.
Visão vertical. É com base em imagens como essa que, atualmente, os mapas são feitos.

a) Pinte os quadrinhos que indicam as representações que mostram caminhos percorridos.

☐ 1 ☐ 2 ☐ 3 ☐ 4

b) Das representações das páginas 68 e 69, qual foi feita de um avião ou obtida por um satélite?

3 Os pintores também fazem representações. Elas podem ser feitas em vários estilos.

a) Observe abaixo a reprodução de duas obras do artista Vincenzo Scarpellini.

Vincenzo Scarpellini/Acervo do artista

Reprodução de **Ruas do Brás**, de Vincenzo Scarpellini, sem data (pastel oleoso sobre papel, 17 cm × 12 cm).

Vincenzo Scarpellini/Acervo do artista

Reprodução de **Começo da 9 de Julho, à luz das 19h03**, de Vincenzo Scarpellini, sem data (pastel oleoso sobre papel, 17 cm × 12 cm).

- O que você observa nas pinturas acima? O artista representou o campo ou a cidade?

b) Agora, veja a reprodução destas outras pinturas. O que você observa?

Reprodução/Galeria Jacques Ardies, São Paulo, SP.

Reprodução de **Cana--de-açúcar**, de Lucia Buccini, 2019 (óleo sobre tela, 30 cm x 60 cm).

Reprodução/Galeria Jacques Ardies, São Paulo, SP.

Reprodução de **Tráfego sobre o rio**, de Cristiano Sidoti, 2009 (óleo sobre tela, 40 cm x 60 cm).

c) Agora é sua vez! Usando as pinturas como inspiração, faça o que se pede.

- Represente em uma folha avulsa o lugar de que você mais gosta no bairro onde mora. Faça a representação no estilo que preferir.
- Com a orientação do professor, você e os colegas vão fixar seus trabalhos em um mural. Depois, observe as representações e converse com os colegas sobre as diferenças entre elas.

Com a palavra...

As pessoas que têm visão reduzida ou falta de visão podem ler por meio do tato representações do lugar onde moram. Vamos conversar com a pesquisadora Waldirene, especialista em Cartografia Tátil, para saber como ela faz esse trabalho.

Waldirene Ribeiro do Carmo (Geógrafa, especialista em Cartografia Escolar e Tátil, educação especial e inclusão. Trabalha no Laboratório de Ensino e Material Didático do Departamento de Geografia, da Faculdade de Filosofia, Letras e Ciências Humanas da Universidade de São Paulo).

De que modo as pessoas que têm problemas de visão podem ler representações de diferentes lugares?

Os mapas para pessoas com deficiência visual são feitos em relevo para que elas possam sentir com o tato. Para entender como são esses mapas, observe os mapas do seu livro e pense que, no caso dos mapas táteis, todos os símbolos estarão em alto-relevo e as letras serão substituídas por Braille, que é o sistema que as pessoas com deficiência visual utilizam para ler textos.

Como são feitas essas representações?

As pessoas que fazem mapas táteis começam buscando um mapa impresso em um livro de Geografia, um atlas ou na internet. Depois de escolher o mapa, é preciso pensar na melhor forma de substituir o que está representado nele por algo que tenha relevo. Por exemplo, um rio pode ser representado por um cordão, um botão poderá ser utilizado como símbolo para representar a capital de um país e um papel com textura poderá ser uma praça ou a área de uma floresta. Os mapas táteis podem ser feitos de várias maneiras, com diversos materiais. No Brasil, uma das formas mais comuns de se fazer mapas táteis é artesanalmente, com materiais simples como lixas, papel, botão, entre outros.

Quais materiais são usados?

Nesses mapas de colagem podemos utilizar materiais variados, como E.V.A., papel com textura, botões, cordões, linhas, tecidos, lixas, cortiça, tinta relevo dimensional, etc. Só é preciso tomar cuidado para não usar materiais muito ásperos ou pontiagudos que possam machucar as mãos de quem for tocar o mapa.

Como esses mapas são usados com os alunos?

Esses mapas devem ser utilizados com a ajuda dos professores. Os professores orientam os alunos na leitura do mapa com as mãos, chamando a atenção para os detalhes importantes para os quais os alunos devem estar atentos, de acordo com o tema que estiverem estudando.

Trabalhando com lugares imaginários

Se você tivesse de criar um lugar imaginário, como ele seria? Muitos escritores fizeram isso: inventaram histórias que acontecem em lugares imaginários, bonitos, interessantes ou assustadores e cheios de perigo!

1 Leia abaixo um resumo da história de Peter Pan.

As aventuras na Terra do Nunca

Peter Pan é um garoto que mora na Terra do Nunca, um lugar fantástico, com a fada Sininho e os Meninos Perdidos.

Certa noite, ele voou com Sininho até a casa dos irmãos João, Miguel e Wendy e os convenceu a viajar com ele para a Terra do Nunca. Foram voando, graças ao pó de pirlimpimpim de Sininho.

Quando chegaram, avistaram a Aldeia Piccanniny, a Casa dos Meninos Perdidos, a Enseada do Capitão Gancho, a Ilha do Crocodilo e vários outros lugares.

Na Terra do Nunca as crianças brincavam muito, mas havia piratas que queriam atrapalhar as brincadeiras e prender Peter Pan. O pior deles era o Capitão Gancho, que tinha um gancho no lugar de uma das mãos.

Com a ajuda dos amigos, Peter Pan lutou contra os piratas e conseguiu vencê-los. Depois, levou os três irmãos de volta para casa. Eles nunca se esqueceram de Peter Pan e de tudo que viveram na Terra do Nunca.

PAZ, Maria Luisa A. Lima. **Peter Pan**. Barueri: Girassol, 2010. (Coleção Algodão Doce). (Adaptado).

a) Troque ideias com os colegas sobre as questões a seguir.

- Como os três irmãos chegaram à Terra do Nunca?
- Quem era o pior inimigo de Peter Pan e sua turma?

b) Ilustre, no espaço abaixo, como você imagina que seja a Terra do Nunca.

2 Assim como os lugares conhecidos, os lugares imaginários também podem ser representados por meio de desenhos, pinturas, maquetes e mapas.

O mapa abaixo mostra a Terra do Nunca, da história de Peter Pan. Observe os lugares citados na história.

Terra do Nunca

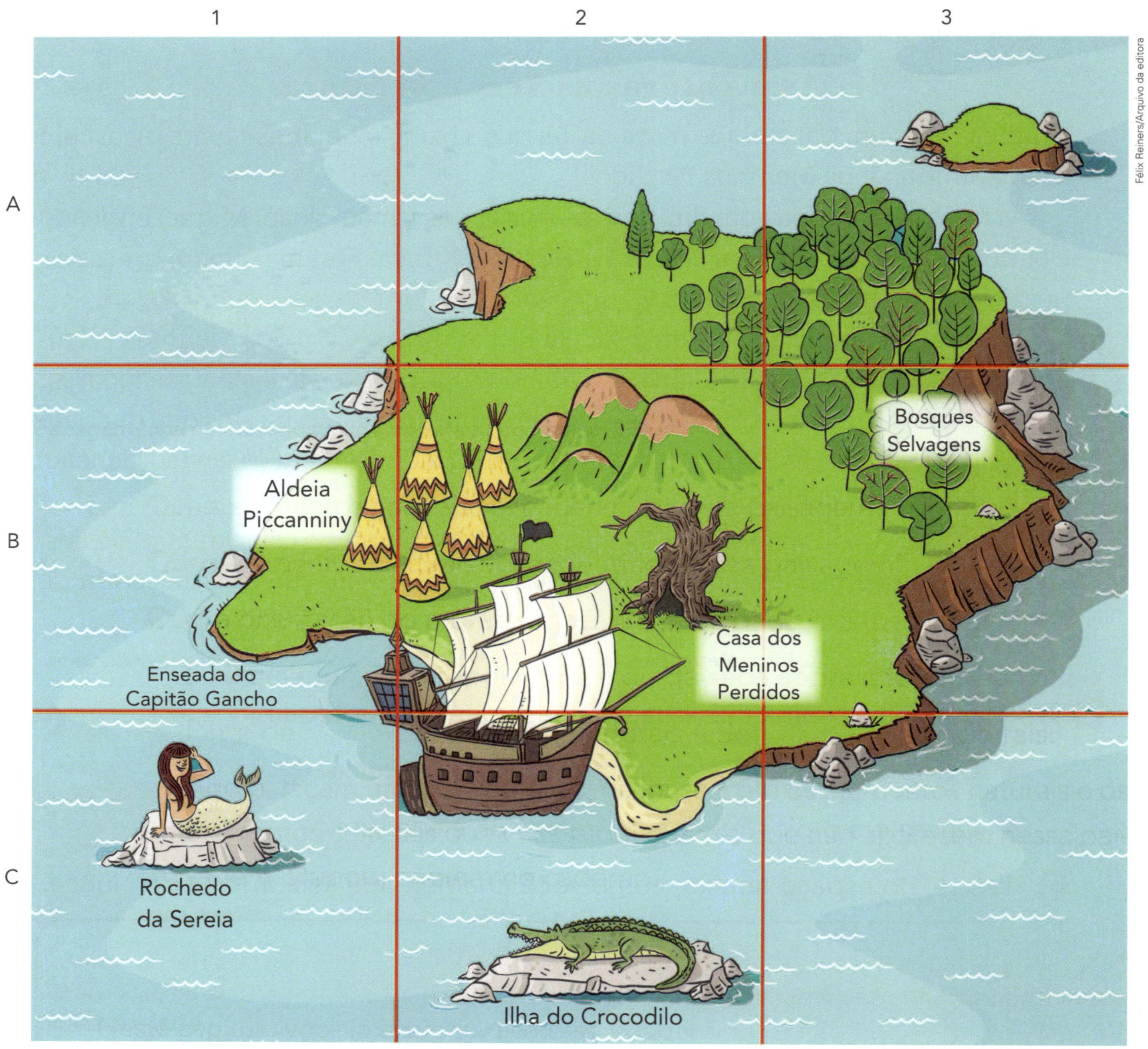

a) Agora, vamos investigar. O que estas cores representam no mapa?

_______________ _______________ _______________ _______________

b) Vamos localizar melhor os lugares da ilha?

- Preencha o quadro com a localização de cada um deles.

Lugar	Quadrícula
Ilha do Crocodilo	
Aldeia Piccanniny	
Rochedo da Sereia	
Morro	

- Localize o que há nas quadrículas. Em seguida, preencha o quadro.

Quadrícula	Lugar
3B	
1A	
1C	
3A	

c) Agora, complete o mapa da Terra do Nunca de acordo com o quadro.

Quadrícula	Você vai desenhar
3C	Três peixes no mar
2B	Uma árvore perto da árvore seca
1A	Uma ilha com coqueiro

Minha coleção de palavras em Geografia

Na atividade sobre a Terra do Nunca vimos várias vezes a palavra ilha.

ILHA

1. Você sabe o que é uma ilha?
2. Com os colegas e o professor, localize uma ilha em um mapa do Brasil e identifique seu nome.

Assim também aprendo

Você já brincou de caça ao tesouro?

1. Você encontrou um mapa em um baú velho. Agora, tente encontrar o tesouro escondido.

Félix Reiners/Arquivo da editora

a) Imagine que você está perto da placa que indica a direção para Pedra Grande.

b) Agora marque um **X** apenas nas frases que podem levar você até o tesouro:

- ☐ Siga a trilha em direção ao rio.
  ☐ Siga a trilha em direção à Pedra Grande.
- ☐ Vire à direita ao encontrar a árvore torta.
  ☐ Vire à esquerda ao encontrar a árvore torta.
- ☐ Caminhe em direção ao lago.
  ☐ Caminhe em direção ao rio.
- ☐ Ao encontrar uma plantação de milho, vire à direita.
  ☐ Ao encontrar uma plantação de milho, vire à esquerda.
- ☐ Siga a trilha até encontrar a placa "Pedra Grande".
  ☐ Siga a trilha em direção à aldeia indígena.
- ☐ Vire à direita quando encontrar uma canoa quebrada.
  ☐ Vire à esquerda quando encontrar uma canoa quebrada.

2. Vamos encontrar um tesouro na escola?

a) Com a orientação do professor, forme um grupo com os colegas. Juntos, escolham um lugar da escola para esconder o "tesouro".

b) Desenhem um mapa do tesouro em uma cartolina. Tomem como exemplo o mapa da página anterior.

c) Escrevam as etapas para chegar ao lugar onde o tesouro está escondido.

d) Troquem o mapa de vocês com outro grupo. Cada grupo vai tentar achar o tesouro escondido e trazê-lo para a sala de aula. Boa sorte!

O que estudamos

Eu escrevo e aprendo

Nesta atividade você vai utilizar a **linguagem escrita** para retomar o que estudou na unidade. Escreva abaixo uma frase sobre o que você estudou em cada capítulo.

Capítulo 3 – O bairro onde eu moro

Capítulo 4 – Representar lugares

Minha coleção de palavras em Geografia

Em cada capítulo desta unidade há uma palavra destacada para a sua coleção de palavras em Geografia. São palavras comuns em textos de Geografia e vão ajudar você a compreender melhor todos eles. Reveja essas palavras ao lado.

BAIRRO, página 51.

ILHA, página 75.

1. O que você aprendeu com essas duas palavras? Converse com os colegas e o professor.
2. Em um quadro no caderno, escreva essas duas palavras e o significado de cada uma delas. O significado deve estar relacionado ao que você aprendeu no capítulo.

Eu desenho e aprendo

Nesta atividade você vai utilizar a **linguagem gráfica** para retomar o que estudou na unidade. Desenhe abaixo o que você considerou mais importante em cada capítulo. Se preferir, faça uma colagem.

Capítulo 3 – O bairro onde eu moro

Capítulo 4 – Representar lugares

Hora de organizar o que estudamos

Diferentes tipos de bairro

- Comerciais.
- Residenciais.
- Industriais.
- Mistos.

João Prudente/Pulsar Imagens

Bairro comercial em Vitória da Conquista, no estado da Bahia, 2016.

Chico Ferreira/Pulsar Imagens

Bairro residencial em Vitória da Conquista, no estado da Bahia, 2019.

Caique Santos/Fotoarena

Bairro industrial em Vitória da Conquista, no estado da Bahia, 2020.

Diferentes tipos de maquete

André Toledo Sader/Acervo da autora

Maquete com dobraduras de papel.

André Toledo Sader/Acervo da autora

Maquete com peças de madeira.

Diferentes representações de lugares

- Com base na observação de fotos ou maquetes.

André Toledo Sader/Acervo da autora

Representação com base em maquete.

- Imaginários.

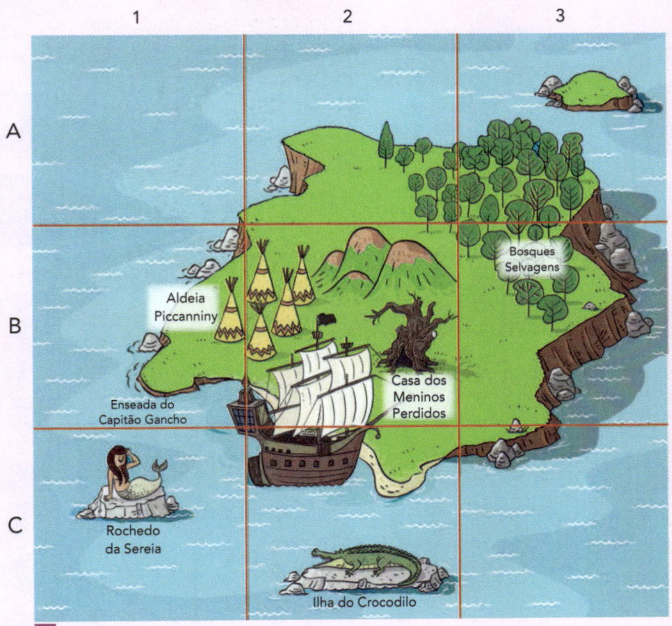

Félix Reiners/Arquivo da editora

Terra do Nunca.

Representações em diferentes épocas

Reprodução/Museu Britânico, Londres, Inglaterra.

Mapa de povos antigos da América, feito em 1492. Observe que as distâncias dos caminhos são representadas por pegadas.

©2017 DigitalGlobe/Google Earth

Imagem de satélite de Caçu, no estado de Goiás, 2015. **Visão vertical.**
É com base em imagens como essa que, atualmente, os mapas são feitos.

Para você refletir e conversar

- Qual assunto você achou mais importante nesta unidade? E qual achou mais difícil de entender?
- O que você acha que podemos fazer no dia a dia para a melhoria do nosso bairro?
- Você consegue explicar por que as representações (desenhos, pinturas, maquetes e mapas) são tão importantes? Converse com os colegas e o professor.

Unidade

3 Explorar paisagens

Michel Ramalho/Arquivo da editora

- Como é a paisagem que as crianças da ilustração estão observando?
- Que elementos dessa paisagem você identifica na paisagem do lugar onde vive?
- Se as crianças quisessem representar a paisagem que observam, como elas poderiam fazer isso?

Capítulo 5

Descobrir paisagens

O que você vê da janela do seu quarto? Você identifica elementos construídos pelas pessoas?

Para iniciar

Leia a seguir o trecho da letra de uma canção que descreve uma paisagem.

Paisagem da janela

Da janela lateral do quarto de dormir
Vejo uma igreja, um sinal de glória
Vejo um muro branco e num voo um pássaro
Vejo uma grade e um velho sinal
[...]

BORGES, Lô; BRANT, Fernando. Intérprete: Lô Borges. In: **Intimidade – Lô Borges**. Rio de Janeiro: Som Livre, 2008. 1 CD. Faixa 12.

Léo Fanelli/Arquivo da editora

1. Releia o título da canção. Esse título combina com o que você leu nesse trecho da letra da canção? Por quê?

2. De acordo com a letra da canção, como é a paisagem que se vê pela janela?

Os elementos da paisagem

Os elementos que você observa da janela da sua moradia, na rua, no bairro onde mora, seja na cidade, seja no campo, formam paisagens.

Paisagem é tudo aquilo que você pode observar em um lugar.

Podemos observar paisagens ao vivo, mas também conhecer por fotos, cartões-postais, ilustrações, pinturas, livros, canções, filmes, programas de televisão ou pela internet.

Há paisagens muito conhecidas no mundo todo por sua beleza natural, ou por sua importância histórica ou cultural.

1 Observe nas fotos abaixo alguns exemplos de paisagens.

Ricardo Azoury/Pulsar Imagens

Baía de Guanabara, com o Cristo Redentor e o morro Pão de Açúcar (no centro) no município do Rio de Janeiro, estado do Rio de Janeiro, 2016.

Hannah Kim/Alamy/Fotoarena

Campo de Marte, com a Torre Eiffel ao fundo, em Paris, na França, 2017.

- Qual dessas paisagens você já conhecia? Você a conhecia por foto ou de outra maneira? Troque ideias com os colegas.

2 Escolha uma paisagem que você conhece: pode ser a que você vê de uma janela da sua moradia, de uma janela da escola ou da rua do bairro onde mora.

a) Em uma folha à parte, descreva essa paisagem.

b) Depois, na mesma folha, desenhe essa paisagem.

c) Agora, compare o seu desenho com o dos colegas. Quais são as semelhanças? E as diferenças?

3 Observe as paisagens retratadas nas fotos a seguir.

João Prudente/Pulsar Imagens

Brasília, no Distrito Federal, 2015.

Delfim Martins/Pulsar Imagens

Monteiro, no estado da Paraíba, 2016.

Delfim Martins/Pulsar Imagens

São Miguel das Missões, no estado do Rio Grande do Sul, 2016.

Cesar Diniz/Pulsar Imagens

Vila Velha, no estado do Espírito Santo, 2016.

a) Você já viu alguma paisagem semelhante a essas?

b) Forme um grupo com dois colegas. Juntos, preencham o quadro abaixo com as semelhanças e as diferenças entre as quatro paisagens.

Semelhanças	Diferenças

Saiba mais

Como você estudou, podemos conhecer paisagens de diferentes maneiras. Agora, você vai conhecer uma paisagem e seus elementos por meio de um poema. Leia, junto com o professor, um trecho de um poema, de Mario Quintana (1906-1994).

Cidadezinha

Cidadezinha cheia de graça...
Tão pequenina que até causa dó!
Com seus burricos a pastar na praça...
Sua igrejinha de uma torre só...

Nuvens que venham, nuvens e asas,
Não param nunca nem um segundo...
E fica a torre, sobre as velhas casas,
Fica cismando como é vasto o mundo!...
[...]

QUINTANA, Mario. **Poesias**. 9. ed. São Paulo: Globo, 1994. p. 18-19.

1. Nesse poema, Mario Quintana descreve uma cidade grande ou pequena? Circule no poema os versos que justificam a sua resposta.
2. Sublinhe no poema os elementos que faltam na paisagem representada abaixo para que ela fique parecida com a cidade descrita pelo poeta.
3. Agora, que tal completar a ilustração? Desenhe os elementos que você sublinhou no poema.

Léo Fanelli/Arquivo da editora

Elementos naturais e culturais da paisagem

Pelos caminhos que você circula no seu dia a dia, se mora na cidade, já deve ter observado praças, mercados, farmácias, etc. Mas, se você mora no campo, já deve ter observado pasto com animais, plantações ou a cidade mais próxima.

Os elementos que você viu no caminho fazem parte da paisagem. Eles podem ser **naturais** (da natureza) ou **culturais** (criados ou modificados pelos seres humanos).

1 Observe os elementos naturais destacados nas fotos a seguir.

Cassandra Cury/Pulsar Imagens

Rio Jordão, no estado do Acre, 2016.

Fabio Colombini/Acervo do fotógrafo

Floresta em Tefé, no estado do Amazonas, 2017.

Junior Braz/Alamy/Fotoarena

Praia em Florianópolis, no estado de Santa Catarina, 2016.

João Prudente/Pulsar Imagens

Morro em Andradas, no estado de Minas Gerais, 2016.

a) Quais desses elementos você vê nas paisagens do lugar onde mora? Marque um **X** nas fotos que mostram esses elementos.

b) No lugar onde você mora existem outros elementos naturais? Indique-os abaixo.

____

____

2 Agora, observe os elementos culturais destacados nas fotos a seguir.

Sergio Pedreira/Pulsar Imagens

Casas e prédios em Salvador, no estado da Bahia, 2015.

Ernesto Reghran/Pulsar Imagens

Refinaria em Manaus, no estado do Amazonas, 2015.

Delfim Martins/Pulsar Imagens

Veículos na avenida Frei Serafim, em Teresina, no estado do Piauí, 2015.

Sergio Ranalli/Pulsar Imagens

Rodovia BR-369 em Cornélio Procópio, no estado do Paraná, 2016.

Ricardo Azoury/Pulsar Imagens

Ponte Rio-Niterói, no município do Rio de Janeiro, estado do Rio de Janeiro, 2016.

Delfim Martins/Pulsar Imagens

Comércio em Tucumã, no estado do Pará, 2016.

a) Quais desses elementos você vê nas paisagens do lugar onde mora? Marque um **X** nas fotos que mostram esses elementos.

b) No lugar onde você mora existem outros elementos culturais? Indique-os abaixo.

____

____

Sugestão de...
Livro
Boi, boiada, boiadeiro, de Ruth Rocha. São Paulo: Salamandra, 2015.

3 Observe a foto a seguir com bastante atenção.

Ernesto Reghran/Pulsar Imagens

Paisagem rural em Rosário do Ivaí, no estado do Paraná, 2017.

a) Quais elementos naturais você identifica nessa paisagem?

b) Quais elementos culturais você identifica nessa paisagem?

c) Com a orientação do professor, faça o que se pede.

- Fixe uma folha de papel vegetal ou de seda sobre a foto.
- Pinte de **verde** os elementos naturais e de **vermelho** os culturais.
- Agora, façam uma lista coletiva, na lousa, com os elementos naturais e os elementos culturais que vocês conhecem e que não aparecem nessa paisagem. Depois, copiem no caderno.

Minha coleção de palavras em Geografia

Neste capítulo você já estudou diversas paisagens.

PAISAGEM

1. Defina, com suas palavras, o que é paisagem.
2. Nas paisagens dos lugares que você frequenta no seu dia a dia, predominam elementos naturais ou culturais?

Assim também aprendo

Leia a história em quadrinhos a seguir.

SOUSA, Mauricio de. **Horácio**. Disponível em: <http://turmadamonica.uol.com.br/quadrinhos/>. Acesso em: 12 nov. 2017.

1. Quais elementos da paisagem Horácio consegue ver do alto do morro?
2. No caderno, escreva as palavras da HQ que você não conhece. Depois, procure-as em um dicionário e anote o significado delas.
3. Agora, imagine e desenhe alguns elementos da paisagem vista e descrita por Horácio.

A representação de paisagens

Podemos aprender a ler paisagens, isto é, compreender as paisagens. Depois de ler uma paisagem, é mais fácil representá-la.

Para ler uma paisagem, é preciso responder a quatro questões:

O QUE VOCÊ VÊ NA PAISAGEM?

ONDE FICA ESSA PAISAGEM?

QUANDO FOI RETRATADA?

COMO FOI RETRATADA?

1 Para ler uma paisagem mais facilmente, podemos dividi-la em planos, conforme foi feito na foto abaixo. Observe.

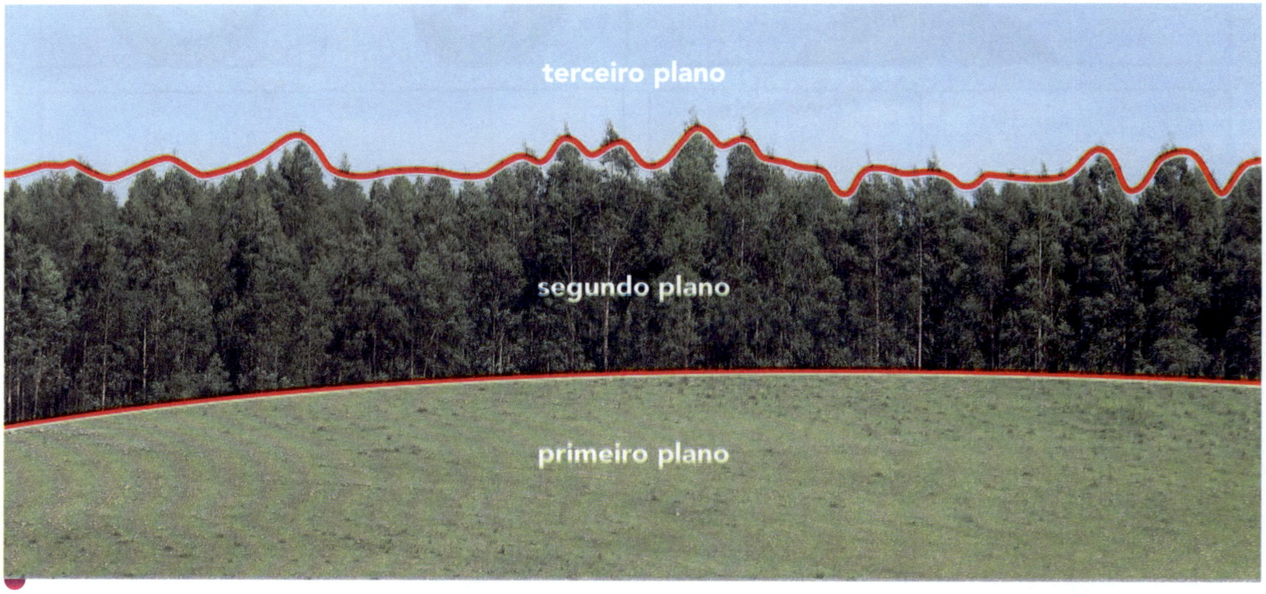

Ale Ruaro/Pulsar Imagens

São Gabriel, no estado do Rio Grande do Sul, 2014.

a) **O que** você vê nessa paisagem?

- No primeiro plano: ______________________.
- No segundo plano: ______________________.
- No terceiro plano: ______________________.

b) **Onde** fica essa paisagem? ______________________

c) **Quando** ela foi retratada? ______________________

d) **Como** ela foi retratada? ______________________

2 Uma paisagem pode ser representada por meio de um croqui. Observe a foto de uma paisagem e o croqui feito com base na foto.

Zig Koch/Opção Brasil Imagens

Paranaguá, no estado do Paraná, 2015.

Felix Reiners/Arquivo da editora

Croqui feito com base na foto acima.

a) Indique no croqui o primeiro, o segundo e o terceiro plano da paisagem.

b) Em qual plano predominam os elementos culturais? ____________________

3 Agora é a sua vez! Observe a foto abaixo e siga as orientações.

Marcos Amend/Pulsar Imagens

Museu do Rio Cuiabá em Cuiabá, no estado de Mato Grosso, 2015.

a) Com a ajuda do professor, identifique os três planos nessa foto.

b) Coloque uma folha de papel vegetal ou de seda sobre a foto e trace linhas para separar os planos.

c) Pinte cada plano com cores semelhantes às da foto.

d) Cole seu trabalho no espaço abaixo e anote o nome do lugar representado.

4 Observe as paisagens a seguir, representadas por meio de pinturas.

Entrada de São Paulo pelo caminho do Rio de Janeiro e Convento das Carmelitas, de Jean-Baptiste Debret, 1827 (aquarela sobre papel, de 9 cm × 21,9 cm).

Detalhe de **Rio Piracicaba**, de Joaquim Miguel Dutra, 1917 (óleo sobre tela, de 32 cm × 54 cm).

a) Em qual das pinturas há elementos culturais? Quais são eles?

____

b) Em qual delas predominam elementos naturais? Quais são eles?

____

Capítulo 6

As paisagens são diferentes

Imagine uma paisagem bem diferente da paisagem de onde você mora. Que elementos ela teria?

Para iniciar

Você vai ler um poema sobre a paisagem de uma aldeia do povo Pataxó.

Sugestão de...
Livro
Mundo: uma introdução para crianças, de Heather Alexander. São Paulo: Panda Books, 2013. 2010.

Minha aldeia tem floresta

Minha aldeia tem floresta
Onde canta o sabiá,
A passarada faz a festa,
Para o Sol se despertar.
Minha aldeia tem jacu,
macaco, lobo e juruti,
a floresta é preservada
por Txaguãi e Hamãy.

PATAXÓ, Angthichay et al. **O povo Pataxó e suas histórias**. São Paulo: Global, 2013. p. 37.

Rodval Matias/Arquivo da editora

1. Cite dois elementos da paisagem descrita no poema.
2. Nessa paisagem existem mais elementos naturais ou culturais?

A natureza cria paisagens

Os elementos naturais caracterizam diferentes paisagens na Terra.

As **formas da superfície da Terra** variam de um lugar para outro. Veja alguns exemplos a seguir.

- Montanhas

Félix Reiners/Arquivo da editora

Chunumunu/Stockphoto/Getty Images

No Nepal, na região do Annapurna, há montanhas muito altas. Foto de 2017.

- Terrenos ondulados

Félix Reiners/Arquivo da editora

Rubens Chaves/Pulsar Imagens

No Brasil, há terrenos ondulados, como em Piedade dos Gerais, no estado de Minas Gerais. Foto de 2016.

- Terrenos planos

Félix Reiners/Arquivo da editora

Delfim Martins/Pulsar Imagens

No Brasil, existem também terrenos planos, como em Pedro Afonso, no estado do Tocantins. Foto de 2017.

1 Em qual desses lugares a forma da superfície dificulta a ocupação?

____

2 Qual dessas paisagens você costuma ver no lugar onde mora?

____

Os elementos naturais e as paisagens

Formas da superfície da Terra

A superfície terrestre no Brasil possui diferentes formas, que variam desde áreas planas até áreas muito onduladas. Ao longo do tempo, os seres humanos foram modificando essas formas da superfície por meio de seu trabalho. Assim, diferentes atividades se desenvolveram no espaço brasileiro, modificando as paisagens.

Veja alguns exemplos nas fotos a seguir. As ilustrações ao lado de cada foto mostram produtos feitos com materiais originados dessas atividades econômicas.

Rubens Chaves/Pulsar Imagens

1

Felix Reiners/Arquivo da editora

Área de extração de minério de ferro em Congonhas, no estado de Minas Gerais, 2016. Para extrair minério de ferro, os seres humanos escavam o solo até encontrá-lo. Ele é utilizado na produção de veículos, máquinas, eletrodomésticos, etc.

Barras de ferro.

2

Fabio Colombini/Acervo do fotógrafo

Felix Reiners/Arquivo da editora

Pacote de café.

Plantação de café em Alto Caparaó, no estado de Minas Gerais, 2015. Depois de colhidos, os grãos de café são torrados e moídos e, por fim, empacotados para serem vendidos no comércio.

Delfim Martins/Pulsar Imagens

Felix Reiners/Arquivo da editora

Óleo de soja.

Plantação de soja em Formoso do Rio Preto, no estado da Bahia, 2017. A colheita da soja é feita de forma mecanizada. Depois de colhida, a soja é transformada nas indústrias em óleo, manteiga, etc.

1 Compare as três fotografias. Em que tipo de terreno é mais fácil cultivar alimentos em grande quantidade? Por quê? ____________________

____

2 O que pode ser feito com o recurso extraído da natureza que aparece na foto 1?

____

____

3 Em qual das imagens você percebe que o trabalho humano provocou grandes alterações na superfície do terreno? O que aconteceu?

____

____

4 Em grupos, sob a orientação do professor, escolham uma atividade desenvolvida pelo ser humano que provoca transformações na paisagem. Façam uma pesquisa sobre os bens produzidos com base nessa atividade. Elaborem um cartaz com as informações obtidas, ilustrando, com fotos ou desenhos, as paisagens e os bens produzidos. Lembrem-se de elaborar legendas para as imagens.

A temperatura do ar e as chuvas

A temperatura do ar e a quantidade de chuvas também são elementos que diferenciam as paisagens. Observe as fotos.

Vadim Nefedoff/Shutterstock

Groenlândia, 2015. Nesta região muito fria, o solo fica coberto de gelo boa parte do ano. Nela moram poucas pessoas.

Ilustrações: Léo Fanelli/ Arquivo da editora

Inácio Teixeira/Pulsar Imagens

Maraú, no estado da Bahia, 2016. Nesta região, o clima é quente praticamente o ano inteiro.

Ale Ruaro/Pulsar Imagens

Gramado, no estado do Rio Grande do Sul, 2016. Nesta região, predominam as temperaturas médias: nem tão frias como na Groenlândia, nem tão quentes como em Maraú.

1. Qual é a diferença entre as paisagens retratadas acima? Utilize as informações das legendas na sua resposta.

____

____

2. Com base nas informações apresentadas, qual dos lugares retratados você acha que oferece condições menos favoráveis para morar? Por quê?

____

____

A vegetação

A quantidade de chuvas determina, em parte, a presença de florestas, campos e desertos nas paisagens. Observe as fotos.

Sugestão de...
Livro
Um passeio pela Floresta Amazônica, de Laurie Krebs. São Paulo: Edições SM, 2015.

Marcos Amend/Pulsar Imagens

Floresta Amazônica, em Caracaraí, no estado de Roraima, 2016. A grande quantidade de chuva favorece a presença de florestas.

Sipa Asia/REX/Shutterstock

Deserto Kubuqi, na China, 2016. Neste local, é muito raro chover e a vegetação é quase inexistente.

Gerson Gerloff/Pulsar Imagens

Área de campos, em Jaquirana, no estado do Rio Grande do Sul, 2015. Nas áreas onde aparece essa vegetação, a quantidade de chuva é menor que nas áreas de florestas (foto 1).

1. Em qual desses lugares chove mais? ______________________

2. Em qual deles chove menos? ______________________

3. Por qual motivo quase não há vegetação na paisagem retratada na foto 2?

____

____

____

A importância da água

A água presente na natureza é essencial para os seres vivos. Ela está presente na chuva, nos rios, nos mares, no ar que respiramos e na constituição do corpo dos seres vivos. Por ser fundamental à existência da vida, esse recurso natural deve ser usado sem desperdício.

Sugestão de...
Livro
Água por todo lado, de Rosana Jatobá. São Paulo: Plano B Editorial, 2015.

A água pode ser utilizada de diferentes maneiras. No Brasil, ela é muito utilizada para a geração de energia elétrica. O país tem muitos rios que permitem a construção de usinas hidrelétricas.

Gerson Gerloff/Pulsar Imagens

Usina hidrelétrica Foz do Chapecó, no rio Uruguai, em Águas de Chapecó, no estado de Santa Catarina, 2018.

A água também é muito utilizada no Brasil para irrigar plantações e aumentar a produção de alimentos.

Chico Ferreira/Pulsar Imagens

Irrigação de plantação em Alfredo Chaves, no estado do Espírito Santo, 2019.

Muitos países já enfrentam falta de água por realizarem atividades utilizando práticas inadequadas que comprometem a qualidade desse recurso. No Brasil, por exemplo, um grande problema é a poluição das águas (e também dos solos) por agrotóxicos usados na agricultura. Os seres vivos também são afetados por essa contaminação.

Ernesto Reghran/Pulsar Imagens

Uso de agrotóxicos em plantação em Paranacity, no estado do Paraná, 2016.

A diminuição das chuvas e o desperdício são problemas que podem levar a crises de abastecimento de água potável para a população.

Todos precisam se conscientizar da importância da água para a manutenção do equilíbrio da vida na Terra. Cada um de nós pode contribuir com pequenas atitudes, como não tomar banhos demorados, não lavar a calçada nem veículos com a mangueira, escovar os dentes com a torneira fechada, entre outras.

1 Você conheceu dois importantes usos da água no Brasil. Quais são eles?

____

____

2 O que pode acontecer se a água potável acabar?

____

____

3 Você identifica problemas relacionados ao uso da água, como a poluição ou o desperdício, no lugar onde vive? Converse com os colegas e o professor.

4 Com mais dois colegas, faça um cartaz sobre o desperdício de água. Pesquisem informações sobre como podemos reduzir o desperdício de água nas atividades. Colem imagens ou façam desenhos e escrevam frases para conscientizar as pessoas. Com os demais grupos, organizem uma exposição dos cartazes na escola para que as outras turmas participem da iniciativa.

Tecendo saberes

As paisagens naturais podem se modificar por diferentes motivos.

Veja alguns exemplos nesta página e na página seguinte. Observe e compare as fotos 1 e 2; depois as fotos 3 e 4.

Fabio Colombini/Acervo do fotógrafo

Caatinga na época de chuvas. Casa Nova no estado da Bahia, em abril de 2015.

A **Caatinga** é uma vegetação que sobrevive a longos períodos de seca. Apresenta-se verde e **viçosa** apenas na época de chuvas.

viçosa: quando a vegetação apresenta-se exuberante.

Fabio Colombini/Acervo do fotógrafo

No Sertão do Nordeste brasileiro, onde ocorre a **Caatinga**, alguns rios secam completamente em épocas de seca prolongada.

O mesmo lugar retratado na foto acima, na época de seca, em outubro de 2015.

Pantanal na época de seca. Poconé, no estado de Mato Grosso, em agosto de 2017.

Fabio Colombini/Acervo do fotógrafo

No **Pantanal**, as secas não são longas como no Sertão do Nordeste, mas pequenos rios e lagoas também secam.

Fabio Colombini/Acervo do fotógrafo

O período de chuvas no **Pantanal** vai de outubro a março, quando os rios transbordam, inundando a região.

O mesmo lugar retratado na foto acima na época de chuvas, em fevereiro de 2018.

1. Que mudanças que você observa entre as fotos 1 e 2 e as fotos 3 e 4?

____

____

____

2. As mudanças que você observou são provocadas pela ação dos seres humanos ou pela ação da natureza? _______________________

3. No lugar onde vive, você observa mudanças provocadas pela ação da natureza? Explique como isso acontece.

4. Faça uma pesquisa e descubra:

   a) Que animais vivem em cada ambiente retratado?

   b) Como as mudanças observadas influenciam a vida desses animais?

Os grupos humanos e as paisagens

Para atender às próprias necessidades, os grupos humanos criam condições favoráveis à sua permanência nos lugares, promovendo a transformação das paisagens por meio do trabalho, com o uso da tecnologia.

Com a exploração dos recursos da natureza, como a água, o solo, a vegetação e os **minerais**, os grupos humanos estabelecem diferentes modos de vida.

minerais: recursos naturais encontrados principalmente no subsolo.

Observe nas fotos desta página e da página seguinte como os seres humanos ocupam alguns lugares.

Kriangkrai Thitimakorn/Moment/Getty Images

A vila de Lukla e, ao fundo, as montanhas do Himalaia, no Nepal, 2015. As montanhas são muito altas e cobertas de neve.

lkpro/Zoonar GmbH/Alamy /Fotoarena

Acampamento no deserto do Saara, no Marrocos, 2015.

Jose Roberto Couto/Tyba

Comunidade ribeirinha às margens do rio Amazonas, em Manaus, no estado do Amazonas, 2017.

Sergio Ranalli/Pulsar Imagens

Área rural às margens do rio Ivaí, em Engenheiro Beltrão, no estado do Paraná, 2019.

1. Das quatro paisagens apresentadas nas fotos, escolha uma que, para você, represente um lugar bom para viver. Por que você moraria nesse lugar?

2. Com a orientação do professor, converse com os colegas e depois anote: Dos lugares retratados nas fotos, onde é mais fácil para os seres humanos:

   a) construírem casas? ______

   b) plantarem e criarem animais? ______

   c) encontrarem água? ______

   d) locomoverem-se? ______

3. Desses lugares, onde os seres humanos encontram mais dificuldades para viver? Por quê?

______

______

A ocupação de áreas frias

Sugestão de...
Livro
A narradora das neves, de Béka e Marko. Belo Horizonte: Nemo, 2013.

As **áreas muito frias** do planeta são pouco povoadas.

Um dos povos que habitam uma zona fria, perto do **polo norte**, é o povo inuíte. Além do frio, os inuítes enfrentam tempestades com vento e neve.

Ao longo do tempo, esse povo desenvolveu técnicas para viver em uma área fria. Vestem roupas grossas que mantêm o corpo aquecido, vivem em moradias cujos materiais e as técnicas de construção permitem que elas permaneçam sempre aquecidas e têm uma alimentação adequada às baixas temperaturas.

Ton Koene/VWPics/Newscom/Glow Images

O iglu, feito de blocos de gelo, ainda é usado pelos inuítes quando vão caçar em lugares distantes. Canadá, 2014.

Paul Lee/Alamy/Fotoarena

Os inuítes vivem na Groenlândia, no Alasca e no norte do Canadá. Atualmente, a maioria das moradias inuítes é de madeira e bem aquecida. Groenlândia, 2017.

1 Quais são as semelhanças e as diferenças entre a moradia dos inuítes e as nossas?

2 Você precisa se vestir como os inuítes? Por quê?

3 No **polo sul** há um continente gelado chamado **Antártida**, onde não moram seres humanos. Lá existem bases científicas para pesquisadores, que ficam no continente somente durante alguns meses. No entanto, muitos animais vivem nesse ambiente gelado, onde há pouca vegetação.

- Em grupos, com a orientação do professor, façam uma pesquisa sobre alguns animais que vivem na Antártida e em suas proximidades, procurando descobrir como vivem. Se possível, obtenham algumas imagens deles para apresentarem aos outros colegas no dia de compartilhar suas descobertas.

A ocupação de áreas montanhosas

Como deve ser habitar as **áreas de montanhas** do planeta? Observe as fotos e imagine por que deve ser difícil morar nestas áreas.

Bruno Morandi/Robert Harding Heritage/Agência France-Presse

Tendas de nômades na província de Ovorkhangai, na Mongólia, 2015. No inverno, que é muito rigoroso e não tem alimentação suficiente para os rebanhos nas altas altitudes, os nômades se deslocam para as partes mais baixas.

Olaf Protze/LightRocket/Getty Images

Vilarejo nas montanhas da Suíça, no inverno, 2016.

1 Discuta com os colegas: Como você imagina que é a vida das pessoas que vivem nas áreas de montanhas?

2 Seu modo de vida se parece com o dessas pessoas? Por quê?

Minha coleção de palavras em Geografia

Na primeira imagem desta página, está retratado um acampamento de povos nômades.

NÔMADE

1. Os povos nômades têm um modo de vida bem diferente do nosso. Qual é a principal característica deles que os diferencia de outros povos?
2. Pesquise, com um colega, um povo nômade. Anote suas descobertas no caderno e depois compartilhe com os outros colegas.

A ocupação de áreas desérticas

Também é difícil viver no **deserto**, principalmente por causa da falta de água, já que lá quase nunca chove. Observe as fotos.

Jerônimo Alba/Alamy/Fotoarena

Vilarejo na região do Magreb, Marrocos, próximo ao deserto do Saara, 2017.

philipus/Alamy/Fotoarena

Cidade do Kuwait, no Kuwait, 2014. Essa cidade possui grandes reservatórios artificiais de água doce, como os da foto.

1 Por que a vida no deserto pode ser muito difícil?

____

____

2 Qual das fotos mostra a utilização de tecnologia moderna que permite melhores condições de vida no deserto? Explique.

____

____

Assim também aprendo

Leia a história em quadrinhos.

SOUSA, Mauricio de. Turma da Mônica. O Estado de S. Paulo, São Paulo, 16 jun. 2012. Estadinho, p. 102.

- Ao percorrer o planeta, por quais paisagens o Cebolinha passou?

O que estudamos

Eu escrevo e aprendo

Nesta atividade você vai utilizar a **linguagem escrita** para retomar o que estudou na unidade. Escreva abaixo uma frase sobre o que você estudou em cada capítulo.

Capítulo 5 – Descobrir paisagens

Capítulo 6 – As paisagens são diferentes

Minha coleção de palavras em Geografia

Em cada capítulo desta unidade há uma palavra destacada para a sua coleção de palavras em Geografia. São palavras comuns em textos de Geografia e vão ajudar você a compreender melhor todos eles. Reveja essas palavras ao lado.

PAISAGEM, página 90.

NÔMADE, página 109.

1. O que você aprendeu com essas duas palavras? Converse com os colegas e o professor.
2. Em um quadro no caderno, escreva essas duas palavras e o significado de cada uma delas. O significado deve estar relacionado ao que você aprendeu no capítulo.

Eu desenho e aprendo

Nesta atividade você vai utilizar a **linguagem gráfica** para retomar o que estudou na unidade. Desenhe abaixo o que você considerou mais importante em cada capítulo. Se preferir, faça uma colagem.

Capítulo 5 – Descobrir paisagens

Capítulo 6 – As paisagens são diferentes

Hora de organizar o que estudamos

Elementos da paisagem

- Naturais.

Junior Braz/Alamy/Fotoarena

Praia em Florianópolis, no estado de Santa Catarina, 2016.

- Culturais.

Sergio Pedreira/Pulsar Imagens

Casas e prédios em Salvador, no estado da Bahia, 2015.

Perguntas que ajudam a fazer a leitura de uma paisagem

- **O que** se vê na paisagem?
- **Onde** fica essa paisagem?
- **Quando** foi retratada?
- **Como** foi retratada?

Diferentes maneiras de representar as paisagens

- Croqui.

Junior Braz/Alamy/Fotoarena

Croqui feito a partir de fotografia.

- Fotografia.

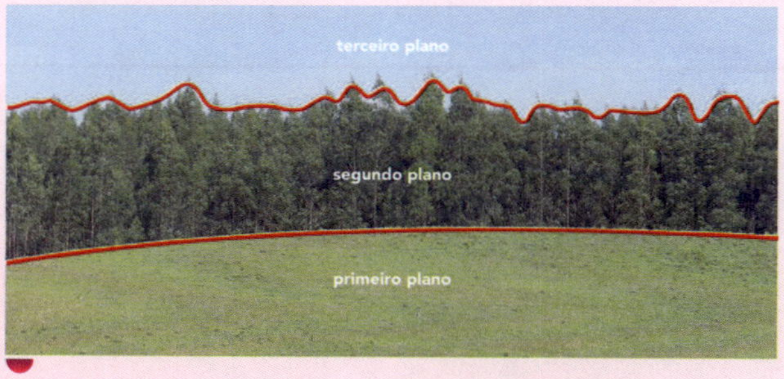

Ale Ruaro/Pulsar Imagens

São Gabriel, no estado do Rio Grande do Sul, 2014.

- Pintura.

Reprodução/Coleção particular

Detalhe de **Rio Piracicaba**, de Joaquim Miguel Dutra, 1917 (óleo sobre tela, de 32 cm × 54 cm).

Elementos naturais das diferentes paisagens na Terra

- Formas da superfície da Terra.

Chunumunu/iStockphoto/Getty Images

Nepal, na região do Annapurna, 2017.

- Temperatura do ar.

Vadim Nefedoff/Shutterstock

Groenlândia, 2015.

- Vegetação.

Marcos Amend/Pulsar Imagens

Floresta Amazônica, em Caracaraí, no estado de Roraima, 2016.

Diferentes maneiras de utilização da água pelos seres humanos

- Geração de energia elétrica.

Gerson Gerloff/Pulsar Imagens

Usina hidrelétrica Foz do Chapecó, em Águas de Chapecó, no estado de Santa Catarina, 2018.

- Irrigação.

Chico Ferreira/Pulsar Imagens

Irrigação de plantação em Alfredo Chaves, no estado do Espírito Santo, 2019.

Para você refletir e conversar

- Qual assunto você achou mais importante nesta unidade? E qual achou mais difícil de entender?
- Qual paisagem apresentada na unidade você achou mais interessante? Por quê?
- Será que as modificações que os seres humanos promovem nas paisagens trazem apenas melhorias para a vida das pessoas?

Unidade 4

O trabalho cria paisagens

Michel Ramalho/Arquivo da editora

- Que elementos predominam na paisagem que a menina da ilustração observa: naturais ou construídos pelos seres humanos?
- A senhora está mostrando para a menina uma foto antiga desse lugar. Houve mudanças nessa paisagem?
- O que podemos fazer para que nosso ambiente seja modificado para melhor?

Capítulo 7

Transformação nas paisagens

Preste atenção onde você mora. Você percebe alguma mudança na paisagem? Qual?

Para iniciar

Leia o poema a seguir, que conta um pouco sobre a mudança de uma paisagem.

Memória

Há pouco tempo,
aqui havia uma padaria.
Pronto – não há mais.

Há pouco tempo,
aqui havia uma casa,
cheia de cantos, recantos,
corredores impregnados
de infância e encanto.
Pronto – não há mais. [...]

A cidade destrói, constrói,
reconstrói.
Uma árvore, um bosque.
Pronto – nunca mais.

MURRAY, Roseana. **Paisagens**. Belo Horizonte: Lê, 2012. p. 30.

1 O que foi construído pelo ser humano e depois destruído na paisagem descrita no poema?

2 De acordo com o poema, quais elementos da natureza foram destruídos?

O trabalho transforma a paisagem

É por meio do **trabalho** que o ser humano **transforma as paisagens**: cultiva alimentos e cria animais; constrói moradias, cidades, estradas, pontes; produz ferramentas, utensílios, máquinas, entre outros. Para todas essas atividades, o ser humano utiliza os recursos da natureza.

1 Leia o texto a seguir.

A briga da Terra com o ar

Até que apareceu o bicho-homem.

Um bicho parecido com os outros, só que cheio de novidades.

E foi começando a ter ideias:

– Oba! Vou aproveitar o fogo do raio e esquentar a comida. E fazer a panela, ferramenta, tanta coisa...

– Oba! Vou aproveitar o vento para empurrar meu barco. [...] E não me deixar fazer força sozinho.

– Oba! Vou aproveitar a terra para fazer pasto e plantação. [...]

– Oba! Vou aproveitar a água para molhar minha plantação. E prender o rio numa usina para me dar iluminação.

E toda a força que o ar e a água, o calor e a terra gastavam para ver quem era o maior, o homem foi aproveitando para fazer tudo melhor.

MACHADO, Ana Maria. **Gente, bicho, planta**: o mundo me encanta. 8. ed. São Paulo: Global, 2014. p. 32-33.

Giz de Cera/Arquivo da editora

2 De acordo com o texto, o que o ser humano queria fazer aproveitando:

a) o fogo? ______________________________

b) o vento? ______________________________

c) a terra? ______________________________

d) a água? ______________________________

3 O que pode acontecer se o ser humano não souber usar os recursos da natureza de forma adequada?

Por que os seres humanos transformam a paisagem?

Os seres humanos transformam as paisagens ao tornar os lugares mais adequados às suas necessidades. Veja a seguir alguns **problemas** enfrentados pelos seres humanos.

Situação-problema 1: Antigamente o deslocamento entre as cidades do Rio de Janeiro e de Niterói era feito pelo mar e por uma estrada. Com o tempo, por causa do aumento da circulação entre essas duas cidades, foi necessário melhorar essa comunicação.

Marc Ferrez/Coleção Gilberto Ferrez/Acervo Instituto Moreira Salles, São Paulo

Rio de Janeiro e Niterói, no estado do Rio de Janeiro, por volta de 1885.

Que solução você apresentaria para resolver esse problema?

Situação-problema 2: Grande quantidade de soja foi colhida e não foi possível transportá-la logo após a colheita até a indústria (onde é transformada em produtos) ou até o porto, onde é **exportada**.

exportada: vendida para outros países.

Mauricio Simonetti/Pulsar Imagens

Plantação de soja em Sertanópolis, no estado do Paraná, 2014.

O que você faria para resolver esse problema?

Situação-problema 3: Antigamente, a circulação entre os bairros de Copacabana-Leme e Botafogo era difícil, apesar de serem bairros vizinhos, pois havia um morro entre eles, como é possível observar na foto.

Juan Gutierrez/Coleção particular

Bairros de Copacabana-Leme e o morro que os separa do bairro de Botafogo, no município do Rio de Janeiro, no estado do Rio de Janeiro, 1894.

O que poderia ser feito para facilitar a circulação de um bairro a outro?

Situação-problema 4: Antigamente, quando chovia muito na cidade de São Paulo, o rio Tamanduateí enchia e inundava as ruas e praças situadas nas proximidades dele.

Arquivo do jornal *O Estado de S. Paulo*/Agência Estado

Enchente no rio Tamanduateí, no município de São Paulo, no estado de São Paulo, 1910.

O que poderia ser feito para resolver o problema?

Veja agora as **soluções** criadas para resolver os problemas apresentados anteriormente.

Solução da situação-problema 1: Construção de ponte ligando a cidade do Rio de Janeiro à cidade de Niterói.

Marc Ferrez/Coleção Gilberto Ferrez/Acervo Instituto Moreira Salles, São Paulo

Rio de Janeiro e Niterói, por volta de 1885.

Moskow/Moment Open/Getty Images

Ponte Rio-Niterói, no estado do Rio de Janeiro. Foto de 2015.

Solução da situação-problema 2: Construção de **silos** na propriedade rural.

silos: grandes depósitos feitos de metal ou de cimento, destinados a armazenar cereais, grãos, entre outros.

Maurício Simonetti/Pulsar Imagens

Plantação de soja em Sertanópolis, no estado do Paraná, em 2014.

Gerson Sobreira/Terrastock

Silos em propriedade rural em Sertanópolis, no estado do Paraná, em 2014.

Solução da situação-problema 3: Construção de túnel ligando os bairros de Copacabana e Leme ao bairro de Botafogo, na cidade do Rio de Janeiro.

Juan Gutierrez/Coleção particular

Bairros de Copacabana, Leme e morro que os separa de Botafogo, em 1894.

André Horta/Fotoarena

Túnel na cidade do Rio de Janeiro, no estado do Rio de Janeiro. Foto de 2016.

Solução da situação-problema 4: Canalização do rio Tamanduateí, no município de São Paulo.

Arquivo do jornal *O Estado de S. Paulo*/Agência Estado

Enchente no rio Tamanduateí, em 1910.

Delfim Martins/Pulsar Imagens

Rio Tamanduateí canalizado, no município de São Paulo, no estado de São Paulo. Foto de 2014.

1 Retome suas respostas para cada situação-problema das páginas 120 e 121. Compare-as com o que foi feito de fato na paisagem.

2 As soluções que você encontrou são diferentes do que foi feito na realidade? Explique sua solução.

Mudanças e permanências nas paisagens

As paisagens do campo e da cidade sempre sofrem transformações.

No campo, florestas podem dar lugar a áreas de cultivo ou de pastagem. Na cidade, muitas ruas são alargadas e asfaltadas, antigas construções são substituídas por novas.

Com tantas mudanças, as paisagens, frequentemente, pouco se parecem com o que foram há algumas décadas. Mas alguns elementos permanecem e eles são muito importantes para conhecermos o passado do lugar.

1 Observe as fotos a seguir.

1

Município de São Paulo, foto de 1958. Terreno localizado na margem do rio Pinheiros, utilizado como campo de futebol.

2

Município de São Paulo, em foto de 2017. A área destacada nesta foto corresponde ao local onde havia o campo de futebol retratado na foto 1.

a) Quais mudanças você identifica comparando as imagens acima?

b) Aconteceu algo parecido no lugar onde você mora?

2 Observe na sequência de fotos a seguir um exemplo de mudança na **cidade** que mostra as transformações nas paisagens em um lugar do Guarujá, no estado de São Paulo.

Reprodução/Coleção particular

Cartão-postal de Sala das Pedras, ponto turístico aos pés do morro da Boa Vista, 1920.

Reprodução/Coleção particular

Cartão-postal do mesmo lugar, mostrando hotel e restaurante na Sala das Pedras, por volta de 1925.

Reprodução/Coleção particular

No mesmo local foi erguido um moderno edifício. Foto da década de 1950.

Rubens Chaves/Acervo do fotógrafo

Vista do mesmo local das imagens anteriores e seu entorno, bastante ocupado por prédios. Foto de 2014.

a) Que mudanças ocorreram nessas paisagens do Guarujá em mais de noventa anos?

____

b) O que permaneceu igual ao longo desses anos?

____

c) Quais são os elementos culturais da paisagem da fotografia mais recente?

3 Leia o texto e observe as fotos para conhecer algumas mudanças no centro da cidade de São Paulo, no estado de São Paulo.

Lembranças de dona Risoleta

[...] São Paulo até embaixo do viaduto do Chá era uma chácara, tinha verdura, vaca de leite. O viaduto não era esse, era outro de grades de ferro. Quando o bonde passava lá em cima as pedras tremiam, parece que ia cair. E lá embaixo era chácara, a gente descia pela escadaria para os matos. [...]

Depoimento de dona Risoleta. In: BOSI, Ecléa. **Memória e sociedade:** lembrança de velhos. São Paulo: Companhia das Letras, 2010. p. 316.

Vale do Anhangabaú. Ao centro, o rio Anhangabaú; sobre o rio, vê-se o viaduto do Chá. Foto de 1905.

Vale do Anhangabaú com o viaduto do Chá ao fundo. Foto de 2017.

a) O que havia embaixo do viaduto do Chá?

____

____

b) E em 2017, o que havia embaixo do viaduto?

____

____

4 Faça uma pesquisa, de acordo com as orientações abaixo, para descobrir mudanças no **campo**.

a) Pesquise em revistas, jornais ou na internet duas fotos de florestas brasileiras nas seguintes condições:

- uma floresta preservada;
- uma floresta sendo desmatada ou já desmatada.

b) Cole as fotos nos espaços abaixo. Se preferir, faça desenhos. Depois, crie uma legenda para cada foto ou desenho.

Minha coleção de palavras em Geografia

Frequentemente, lemos e ouvimos notícias sobre desmatamento no Brasil.

DESMATAMENTO

1. O que é desmatamento?
2. Qual foi a notícia mais recente sobre desmatamento que você ouviu ou leu? Onde ele ocorreu?
3. Além de áreas de floresta, em que outras áreas pode ocorrer desmatamento?

5 Conheça outra mudança em uma paisagem do **campo**. Observe a foto.

Delfim Martins/Pulsar Imagens

Plantação de cana-de-açúcar e usina de açúcar e álcool em Pedro Afonso, no estado do Tocantins, 2017.

a) Quais são as atividades praticadas pelos seres humanos que você vê nessa foto?

____

____

b) O que será que existia nesse local antes da plantação e da usina? Sobreponha na foto uma folha de papel vegetal e desenhe essa paisagem que você imaginou. Cole abaixo o seu desenho. Se preferir, faça diretamente nesse espaço.

6 Observe a foto abaixo, que retrata um trecho de floresta desmatada no Brasil. As florestas são desmatadas para a construção de estradas, usinas hidrelétricas, plantações, pastos para gado, entre outros.

Ricardo Teles/Pulsar Imagens

Pastagem em Curionópolis, no estado do Pará. Foto de 2016.

a) Por que a floresta foi desmatada na fotografia acima?

b) Cite outras atividades que estão provocando desmatamento no Brasil.

c) Faça um croqui da foto acima, indicando os três planos da imagem. Para isso, reveja as páginas 92, 93 e 94. Cole-o abaixo e anote o que existe em cada plano.

Saiba mais

A letra de canção abaixo fala sobre mudanças nas paisagens do campo e da cidade que ocorreram no interior do estado da Bahia, na década de 1970. Leia com o professor.

Felix Reiners/Arquivo da editora

Sobradinho

O homem chega e já desfaz a natureza
Tira gente, põe represa, diz que tudo vai mudar
O São Francisco, lá pra cima da Bahia
Diz que dia menos dia vai subir bem devagar
[...]
Adeus Remanso, Casa Nova, Sento Sé
Adeus Pilão Arcado vem o rio te engolir
Debaixo d'água lá se vai a vida inteira
[...]
E o povo vai-se embora com medo de se afogar
[...]

SÁ e GUARABYRA. Sobradinho. In: **Nova série**. Warner Music, 2008. 1 CD. Faixa 4.

Essa letra de canção, feita pelos músicos Sá e Guarabyra em 1975, conta um pouco sobre os impactos da construção da usina hidrelétrica de Sobradinho, no rio São Francisco, no interior da Bahia, durante a década de 1970.

Essa obra provocou grandes mudanças no rio e no seu entorno. A represa construída inundou pequenas cidades que ficavam às margens do rio. Por isso, os moradores tiveram que reconstruir a vida em outro lugar. Novas cidades foram erguidas em locais mais altos e distantes.

Atualmente, a usina de Sobradinho fornece energia elétrica a milhares de pessoas e a represa formada possibilita a utilização de suas águas na irrigação das plantações.

A construção da usina de Sobradinho, que teve início em 1973 e foi inaugurada em 1979, mudou totalmente a paisagem da região.

Veja nos croquis as mudanças que ocorreram no local.

Trecho do rio São Francisco – início da década de 1970

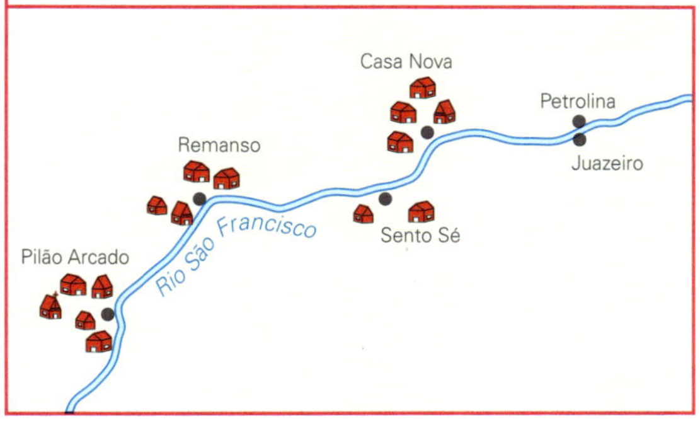

Acervo da autora/Arquivo da editora

Croqui elaborado pela autora com base em cartas topográficas 1:1 000 000 do IBGE.

Represa de Sobradinho – fim da década de 1970

Acervo da autora/Arquivo da editora

Croqui elaborado pela autora com base em cartas topográficas 1:1 000 000 do IBGE.

Cesar Diniz/Pulsar Imagens

Barragem de Sobradinho, em Sobradinho, no estado da Bahia. Foto de 2016.

Cesar Diniz/Pulsar Imagens

Canal de irrigação que utiliza as águas do rio São Francisco, na região de Juazeiro, no estado da Bahia. Foto de 2016.

1. O que aconteceu com as cidades que estavam às margens do rio São Francisco depois da construção da usina de Sobradinho?

____

____

2. Na sua opinião, as pessoas sofreram por sair dos lugares onde moravam?

____

____

3. Quais são os benefícios trazidos pela usina hidrelétrica à região?

Tecendo saberes

Em algumas cidades, construções antigas não são derrubadas para a construção de novas. Elas são preservadas, pois ajudam a contar a história de onde estão localizadas. Algumas continuam com a mesma função que tinham no passado, mas outras passam a ter novas funções, como museus, bibliotecas, centros de cultura e lazer. Muitas delas se transformam em atração turística.

Veja alguns exemplos abaixo.

Cedoc/Arquivo Público do Estado de Mato Grosso

ANTES

Palácio da Instrução, fundado em 1914 como sede da Escola Normal Pedro Celestino e da Escola Modelo Barão de Melgaço, em Cuiabá, no estado de Mato Grosso. Foto de 1940.

Djalma Ribeiro/Drone Cuiabá

ATUALMENTE

O prédio do antigo Palácio da Instrução abriga hoje a Secretaria Estadual de Cultura, o Museu de História Natural e Antropologia e a Biblioteca Pública de Cuiabá. Foto de 2016.

Revert Henrique Klum/Acervo particular

ANTES

Palácio de verão de dom Pedro II, em Petrópolis, no estado do Rio de Janeiro.
Foto de 1866.

Design Pics Inc/Alamy/Fotoarena

ATUALMENTE

O prédio do antigo palácio de verão é sede do Museu Imperial, que detém o principal acervo sobre o período imperial brasileiro. Foto de 2016.

ANTES

Casa de Detenção no Recife, estado de Pernambuco. Foto de cerca de 1920.

ATUALMENTE

O prédio da antiga Casa de Detenção abriga a Casa de Cultura Luiz Gonzaga. É o maior centro da cultura e da arte pernambucana. Foto de 2018.

1 Em grupos, pesquisem, em livros, revistas ou na internet, imagens e informações do lugar onde moram. Para esta atividade, sigam o roteiro de perguntas abaixo.

a) Há construções antigas que foram preservadas? Quais são elas? Procure descobrir o ano em que foram construídas.

b) Essas construções hoje têm a mesma função de quando foram erguidas ou têm outra função? Quais?

2 Em grupo, montem um cartaz com as imagens das construções. Elaborem uma legenda para cada imagem, indicando o ano de sua construção, a função que tinha quando foi erguida e sua função atual. Na data combinada com o professor, apresentem o trabalho aos outros colegas.

Capítulo 8

Ambiente e qualidade de vida

Você acha que é responsável pela conservação do planeta Terra? Por quê?

Para iniciar

Algumas atitudes no dia a dia ajudam a conservar o ambiente. Leia o poema.

Quem ama cuida e preserva!

Poluir, destruir,
desmatar, desperdiçar
o que a Natureza tem...
Acaba fazendo mal à
gente, pois gente
é da Natureza também.
[...]

Cada jardim
é um pequenino
pedacinho do mundo.
Cada pedaço do mundo
é como um jardim.
Se cada um fizer o seu pouquinho
no seu canto, o grande jardim que
é a Terra poderá viver mais e melhor!

ANJOS, Margarida dos; FERREIRA, Marina Baird. **O Aurélio com a turma da Mônica**. Rio de Janeiro: Nova Fronteira, 2003. p. 93.

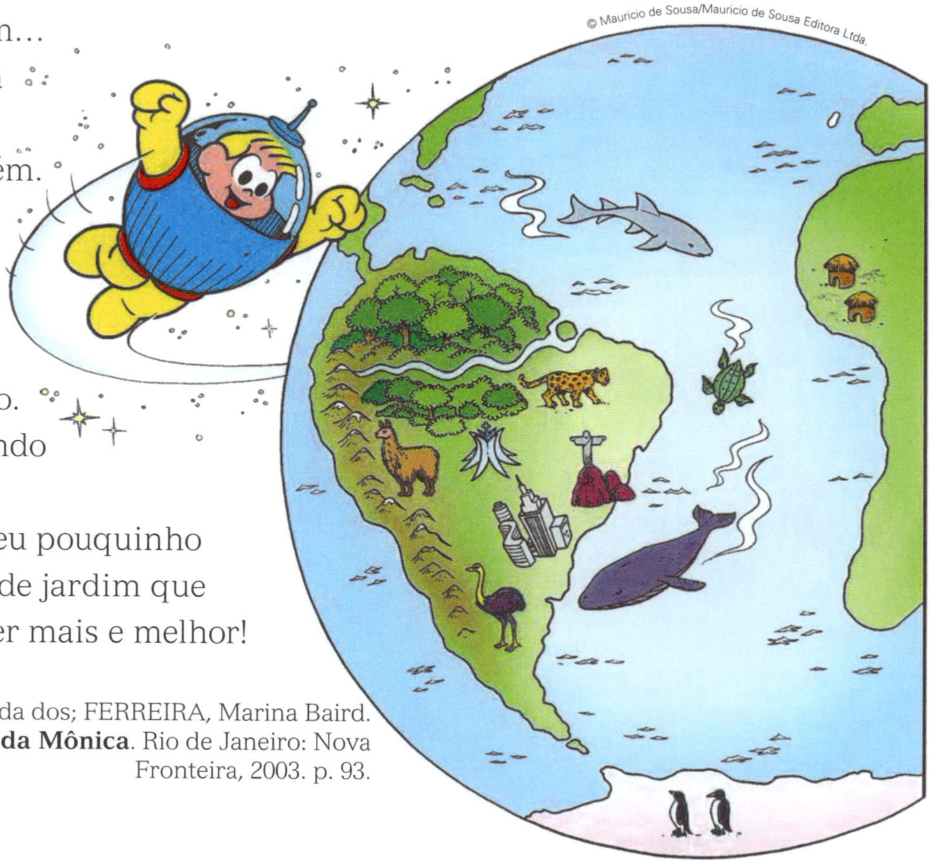

1 Quais palavras do poema indicam atitudes negativas em relação ao ambiente?

2 De acordo com o poema, o que acontecerá "se cada um fizer o seu pouquinho"?

Problemas ambientais

As transformações que o ser humano promove nas paisagens têm o objetivo de trazer melhorias para sua vida, mas muitas delas causam problemas. Esses problemas podem ameaçar não apenas a vida dos seres humanos, mas também a de todos os demais seres vivos, pois prejudicam o ambiente.

Percorrendo a cidade e o campo, podemos observar diversos problemas, como mostram as ilustrações a seguir.

> **Sugestão de...**
> **Livro**
> **Antes que a Terra fuja: uma história pela limpeza do meio ambiente**, de Julieta de Godoy Ladeira. São Paulo: Moderna, 2012.

1 Associe cada imagem ao problema de poluição correspondente.

A. Poluição sonora

B. Poluição da água

C. Poluição do ar

Moisés Gonçalves/Acervo do cartunista

Arionauro Cartuns/Acervo do cartunista

Ilustra Cartoon/Arquivo da editora

2 Dos tipos de poluição ambiental ilustrados nas imagens, quais você já viu, ouviu ou sentiu onde você mora?

3 Escreva uma frase com as palavras abaixo.

poluição | cidade | campo

____

____

Tipos de poluição

Conheça alguns tipos de poluição. Todos eles prejudicam o ambiente e precisam ser solucionados.

Poluição da água

A poluição da água dos rios, lagos e mares pode ter várias fontes, entre elas: esgoto de moradias, de comércios e de indústrias lançados sem tratamento adequado, produtos químicos utilizados nas plantações, vazamento de petróleo, entre outros.

Luciana Whitaker/Pulsar Imagens

Peixes mortos na Lagoa Rodrigo de Freitas, no Rio de Janeiro, estado do Rio de Janeiro. Foto de 2015.

Consequências

- Contaminação da água e a consequente morte de seres aquáticos (peixes, plantas, algas, etc.).
- Ocorrência de doenças nos seres humanos e em outros seres vivos.

Soluções

- Canalizar e tratar os esgotos antes de lançá-los em córregos, rios e mares.
- Utilizar produtos **biodegradáveis** nas moradias e nos estabelecimentos comerciais.

biodegradável: que se decompõe ou se desfaz com facilidade no ambiente.

Poluição sonora

É causada por ruídos excessivos de veículos, máquinas e indústrias.

Ernesto Reghran/Pulsar Imagens

Homens trabalhando com britadeira em Foz do Iguaçu, no estado do Paraná. Foto de 2015.

Consequências

- Danos à audição.
- Ocorrência de outros danos à saúde, como estresse e insônia.

Soluções

- Instalar silenciadores.
- Instalar janelas antirruídos nas residências.

Poluição do ar

É causada pela fumaça lançada por fábricas e escapamentos de automóveis, além das queimadas no campo.

Eliane Neves/Fotoarena

Caminhão soltando fumaça em São Paulo, no estado de São Paulo. Foto de 2019.

Consequências

- Irritação das vias respiratórias.
- Doenças dos pulmões e da pele.
- Danos a outros seres vivos, como plantas e animais.

Soluções

- Instalar filtros antipoluentes nas fábricas e nos veículos.
- Investir no transporte coletivo e nos meios de transporte menos poluentes.
- Evitar as queimadas no campo.

Poluição do solo

No campo, é causada principalmente pelo uso de agrotóxicos nas lavouras; na cidade, é provocada pelo descarte inadequado de lixo sem tratamento nos lixões a céu aberto e por resíduos industriais.

Delfim Martins/Pulsar Imagens

Depósito de lixo a céu aberto em São Félix do Xingu, no estado do Pará. Foto de 2016.

Consequência

- Contaminação do solo, da água dos rios, dos vegetais que consumimos, de animais e plantas.

Soluções

- Usar formas mais naturais de combate às as pragas.
- Ampliar a construção de **aterros sanitários**. Controle do descarte dos resíduos industriais.

aterros sanitários: locais construídos de acordo com certas regras para receber de forma adequada o lixo produzido pelas pessoas, sem contaminar o solo.

Poluição visual

É causada principalmente pelo excesso de propagandas, cartazes, placas, fios de rede elétrica e de telefone, presentes principalmente em áreas urbanas.

Delfim Martins/Pulsar Imagens

Rua de comércio em Juazeiro do Norte, no estado do Ceará. Foto de 2015.

Consequências

- Desconforto visual. Degradação do ambiente, tornando-o feio e cansativo.
- Desvio da atenção de motoristas e pedestres da sinalização de trânsito.

Soluções

- Eliminar o excesso de fios elétricos, cartazes e propagandas, deixando apenas as informações necessárias.
- Colocar propagandas apenas em locais permitidos.

Poluição térmica

É causada pelo aumento da temperatura das águas e do ar gerado principalmente por usinas hidrelétricas e alguns tipos de indústria. Pode ocorrer também por desmatamento e queimadas.

Daniel Derevecki/La Imagem/Fotoarena

Resfriador industrial em Araucária, no estado do Paraná. Foto de 2015.

Consequências

- Morte de peixes, outros animais e plantas.
- Desenvolvimento de fungos e bactérias no ambiente aquecido.

Solução

- Tratar a água antes de ser lançada no ambiente.

1. Quais desses problemas existem no lugar onde você mora?
2. Qual desses problemas está mais presente no seu dia a dia?
3. Observe as fotos das páginas 136, 137 e 138. Quais delas apresentam riscos provenientes do uso de ferramentas e máquinas?

O lixo

Você sabe o que acontece com o lixo depois que ele sai da sua casa? Geralmente, as pessoas pagam impostos para que o lixo seja recolhido pela prefeitura. Quando recolhido, o lixo deve ir para os aterros sanitários. Ou, ainda, boa parte dele pode ser **reciclado**.

Ao reciclar, novos produtos são elaborados, diminuindo o uso de recursos naturais, a poluição e a quantidade de lixo, além de gerar trabalho para muitas pessoas. A reciclagem de diversos materiais acontece em muitas cidades brasileiras.

Para contribuir com a reciclagem, o lixo deve ser separado, de acordo com o material de que é feito. Essa separação facilita a coleta e o encaminhamento dos materiais para a reciclagem.

Esta é uma das maneiras de ajudar a proteger o ambiente: a **coleta seletiva de lixo**.

Após um longo processo de tratamento, o lixo é reutilizado para a elaboração de novos produtos. Veja um exemplo.

Sugestão de...
Filme
Wall-E. Direção: Andrew Stanton. Estados Unidos: Disney/Pixar, 2008. 1 DVD. Duração: 97 min.

reciclado: que é reaproveitado para a elaboração de novos produtos.

Luciana Whitaker/Pulsar Imagens

Na coleta seletiva, o lixo é separado em cestos coloridos. Cada um tem uma cor específica para um tipo de lixo. Foto de lixeiras em praça na cidade de Leopoldina, no estado de Minas Gerais, 2018.

Sandálias de borracha feita com material reciclado de pneu.

Bruno Rocha/Fotoarena

1. Na cidade onde você mora existe coleta seletiva de lixo? Onde?

____

2. A escola onde você estuda faz coleta seletiva? De quais produtos?

____

3. Como você pode ajudar na coleta seletiva em sua moradia?

Assim também aprendo

Proteger o ambiente é dever de todos, incluindo as crianças. Por isso, todos devem colaborar. Leia a história em quadrinhos abaixo.

GALVÃO, Jean. **Lixo reciclado**. Disponível em: <https://tiroletas.wordpress.com/2017/11/24/81/>. Acesso em: 5 fev. 2020.

1. Com um colega, descrevam o que aconteceu na HQ.

2. Na sua opinião, se os animais pudessem falar com as pessoas, eles nos ensinariam o que fazer com o lixo? Explique.

3. Existem recipientes para cada tipo de lixo (coletores seletivos). Reveja a foto da página 139.

a) Em todos os recipientes há o mesmo símbolo. Desembaralhe as letras e descubra o que ele significa. Anote abaixo.

R C L E M G I E A C

____

b) Complete com vogais alguns tipos de lixo que podem ser reciclados.

P L _____ S T _____ C _____ V _____ D R _____

P _____ P _____ L M _____ T _____ L

4. Escreva duas frases destacando atitudes que você considera importantes para conservar o ambiente. Em seguida, cole ou desenhe uma imagem.

1ª frase: _______________________________

____

2ª frase: _______________________________

____

Como reduzir a produção de lixo

Veja como você pode contribuir para diminuir a produção de lixo e praticar o consumo consciente, para ajudar a proteger o ambiente.

Sugestão de...
Livro
O livro do planeta Terra, de Todd Parr. São Paulo: Panda Books, 2016.

1

Diminua o consumo de embalagens. Procure usar sacolas retornáveis.

2

Utilize os dois lados do papel. Assim, você salvará muitas árvores.

3

Jogue sempre o lixo na lixeira.

4

Separe o lixo antes de descartar, de acordo com o material de que é feito.

5

Descarte pilhas e baterias usadas apenas nos postos de coleta.

6

Não desperdice alimentos.

7

Dê preferência a produtos de empresas que respeitam o ambiente.

8

Compartilhe com os amigos o que você aprendeu sobre o consumo consciente.

Ilustrações: Léo Fanelli/Arquivo da editora

1. Qual dessas atitudes você tem no dia a dia? Anote os números. ______________

2. De que outras formas cada um de nós pode contribuir para ajudar a preservar o ambiente?

Minha coleção de palavras em Geografia

Você estudou sobre a importância do consumo consciente.

CONSUMO CONSCIENTE

1. O que você entendeu sobre o consumo consciente?
2. Você é um consumidor consciente? Explique.

Todos têm o direito de viver bem

Problemas ambientais podem afetar as condições de vida dos seres humanos. Mas, além de um ambiente saudável, as pessoas precisam de outras condições para ter uma boa qualidade de vida.

Para ter uma vida saudável, é preciso:

- viver em uma moradia digna, em um lugar seguro e limpo;
- ter acesso aos serviços básicos, como água encanada, rede de esgotos, energia elétrica, coleta de lixo, transporte público, entre outros;
- ter acesso a saúde, lazer, trabalho e educação.

Nem todos os brasileiros têm boa qualidade de vida. Observe a foto abaixo e leia a legenda.

Pedro Ladeira/Folhapress

Moradias em meio a esgoto a céu aberto em Belém, no estado do Pará, 2019.

1 O que você observa na foto?

2 Essa situação ocorre em algum lugar da cidade em que você mora? Onde?

____

____

Colaboração e qualidade de vida

É dever dos governantes fornecer os serviços básicos para melhorar a qualidade de vida da população. Mas a população também tem deveres e pode colaborar.

Em diversos locais, as pessoas de uma comunidade ou de um bairro se unem e trabalham em conjunto para tentar resolver os problemas do lugar onde vivem e melhorar a qualidade de vida. Para isso, formam associações de moradores de bairro e outros grupos comunitários, que desenvolvem ações como:

- cuidar dos bens que o governo oferece à população, como escolas, creches e praças públicas;
- organizar atividades comunitárias e de lazer;
- encaminhar aos governantes pedidos de melhoria para o bairro;
- conscientizar as pessoas da importância de conservar o ambiente.

Veja abaixo algumas associações no Brasil.

Logotipos de associações de moradores de bairro.

Reprodução/Centro Comunitário Jardins do Cerrado 7

Reprodução/Associação de Moradores Chico Mendes

Reprodução/Associação de Moradores do Bairro do Divino Espírito Santo

Reprodução/Associação Comunitária de Moradores do Curió Gente de Luta

logotipos: símbolos que identificam grupos, como associações, empresas, entre outros.

1. Qual é o objetivo das associações de moradores ou de grupos comunitários?

2. O que esses grupos podem conquistar junto aos governantes?

3. Existe uma associação de moradores ou grupo semelhante no bairro onde você mora? Caso exista, conte o que você sabe sobre essa associação.

Um bom lugar para viver

Alguns municípios oferecem uma boa qualidade de vida a seus moradores. No Brasil, o município com melhor qualidade de vida é São Caetano do Sul, no estado de São Paulo.

São Caetano atrai migrantes em busca de bom padrão de vida

[...] São Caetano do Sul atrai moradores de São Paulo e outras cidades vizinhas com a expectativa de melhor qualidade de vida.

Para quem chega na pequena cidade de 15 quilômetros quadrados, o bom índice [...] é traduzido em boas escolas, maior segurança e amplas opções de lazer.

É o caso, por exemplo, do consultor comercial Vagner Lopes, 39, que trocou há dois anos o Campo Belo [...].

"Planejamos ter filhos e sempre ouvi falar muito bem das escolas da cidade e da preocupação com o bem-estar da população. Isso me atraiu", diz Lopes. [...]

Estrela do ABC

[...]

100%

é o índice de urbanização*

158825

é o número de habitantes

[Mais de 30 mil pessoas]

têm mais de 60 anos

Fernando Favoretto/Acervo do fotógrafo

Espaço Verde Chico Mendes, em São Caetano do Sul, no estado de São Paulo, 2017.

ABC: região do estado de São Paulo onde se localizam os municípios de Santo André, São Bernardo do Campo e São Caetano do Sul.

* 100% de urbanização indica que o total da área do município é urbano, não há área rural.

SOARES, Jussara. São Caetano atrai migrantes em busca de bom padrão de vida. *Folha Online*, 28 maio 2017. Disponível em: <https://www1.folha.uol.com.br/sobretudo/morar/2017/05/1887939-sao-caetano-atrai-migrantes-em-busca-de-bom-padrao-de-vida.shtml>. Acesso em: 5 nov. 2019.

1. No texto, sublinhe de **vermelho** algumas informações que definem a alta qualidade de vida em São Caetano do Sul.

2. Circule de **verde** a informação sobre a população idosa.

3. Com mais três colegas, converse sobre os possíveis motivos de São Caetano do Sul atrair tantas pessoas.

O que estudamos

Eu escrevo e aprendo

Nesta atividade você vai utilizar a **linguagem escrita** para retomar o que estudou na unidade. Escreva abaixo uma frase sobre o que você estudou em cada capítulo.

Capítulo 7 – Transformação nas paisagens

____

____

____

Capítulo 8 – Ambiente e qualidade de vida

____

____

____

Minha coleção de palavras em Geografia

Em cada capítulo desta unidade há uma palavra destacada para a sua coleção de palavras em Geografia. São palavras comuns em textos de Geografia e vão ajudar você a compreender melhor todos eles. Reveja essas palavras ao lado.

DESMATAMENTO, página 127.

CONSUMO CONSCIENTE, página 142.

1. O que você aprendeu com essas duas palavras? Converse com os colegas e o professor.
2. Em um quadro no caderno, escreva essas duas palavras e o significado de cada uma delas. O significado deve estar relacionado ao que você aprendeu no capítulo.

Eu desenho e aprendo

Nesta atividade você vai utilizar a **linguagem gráfica** para retomar o que estudou na unidade. Desenhe abaixo o que você considerou mais importante em cada capítulo. Se preferir, faça uma colagem.

Capítulo 7 – Transformação nas paisagens

Capítulo 8 – Ambiente e qualidade de vida

Hora de organizar o que estudamos

Soluções para diferentes problemas

Marc Ferrez/Coleção Gilberto Ferrez/Acervo Instituto Moreira Salles, São Paulo

Rio de Janeiro e Niterói, por volta de 1885.

Moskow/Moment Open/Getty Images

Ponte Rio-Niterói, no estado do Rio de Janeiro. Foto de 2015.

Mudanças e permanências nas paisagens

Reprodução/Coleção particular

Cartão-postal de Sala das Pedras, ponto turístico aos pés do morro da Boa Vista, 1920.

Rubens Chaves/Acervo do fotógrafo

Vista do mesmo local da imagem ao lado e seu entorno, bastante ocupado por prédios. Foto de 2014.

Diferentes tipos de poluição

- Da água.
- Sonora.
- Do ar.
- Do solo.
- Visual.
- Térmica.

Luciana Whitaker/Pulsar Imagens

Peixes mortos na Lagoa Rodrigo de Freitas, no Rio de Janeiro, estado do Rio de Janeiro. Foto de 2015.

Léo Burgos/Folhapress

Caminhão soltando fumaça em São Paulo, no estado de São Paulo. Foto de 2019.

Consumo consciente e diminuição da quantidade de lixo

- Diminuição do consumo de embalagens.

- Separação do lixo e reciclagem.

Luciana Whitaker/Pulsar Imagens

Foto de lixeiras em praça na cidade de Leopoldina, no estado de Minas Gerais, 2018.

Fatores que determinam boa qualidade de vida

- Moradia digna.
- Serviços básicos.
- Trabalho.
- Educação.
- Saúde.
- Lazer.

Nem todos os brasileiros têm boa qualidade de vida

Pedro Ladeira/Folhapress

Moradias em meio a esgoto a céu aberto em Belém, no estado do Pará, 2019.

Para você refletir e conversar

- Qual assunto você achou mais importante nesta unidade? E qual achou mais difícil de entender?
- O que você e os colegas podem fazer na escola para contribuir para a conservação do ambiente?
- E na sua casa, você e seus familiares praticam um consumo consciente? Conte aos colegas.

Glossário

As palavras deste glossário estão definidas de acordo com o sentido em que foram utilizadas no livro.

A

Agrotóxico página 103

Produto químico utilizado na agricultura, para garantir a produtividade das plantações.

Adriano Kirihara/Pulsar Imagens

Trabalhador rural aplicando agrotóxico em plantação de tomate, em Ribeirão Branco, no estado de São Paulo. Foto de 2018.

Área de cultivo página 124

Local onde se pratica a agricultura, ou seja, onde se plantam arroz, milho, soja, café, etc.

C

Canalização página 123

Ação de canalizar e regular o curso de um rio para torná-lo navegável, por exemplo.

Comunidade ribeirinha página 21

Comunidade que vive às margens dos rios. Muitos moram em palafitas e adaptam-se às variações do nível dos rios nos períodos de chuva.

Zig Koch/Tyba

Comunidade ribeirinha em Laranjal do Jari, no estado do Amapá. Foto de 2017.

Croqui página 93

Esboço. Desenho simplificado onde se destacam as principais informações de um local.

E

Enseada página 73

Pequena entrada na costa do litoral, limitada por dois morros com altitudes mais elevadas.

Edson Grandisoli/Pulsar Imagens

Enseada no município do Rio de Janeiro, estado do Rio de Janeiro. Foto de 2016.

I

Imposto página 139

Pagamento feito ao governo por pessoas e empresas. Com o dinheiro dos impostos o governo deve oferecer vários serviços à população: escolas, hospitais, estradas, etc.

L

Lago página 77

Grande porção de água doce ou salgada que ocupa uma depressão (áreas mais baixas) na superfície terrestre. A forma, a profundidade e a extensão dos lagos são muito variáveis. Os lagos são maiores que as lagoas.

M

Maquete página 52

Construção em miniatura usada para representar objetos ou elementos de um local.

André Toledo Sader/Acervo da autora

Foto de maquete na visão oblíqua.

Montanha página 97

Área muito elevada, com laterais bastante inclinadas.

R

Represa página 130

Lago artificial. Obra construída para acumular água dos rios, por exemplo.

T

Tecnologia página 36

Ferramentas, máquinas e técnicas desenvolvidas pelos seres humanos para resolver problemas ou facilitar soluções.

U

Usina hidrelétrica página 102

Conjunto de construções que aproveita a força da água dos rios para produzir energia elétrica.

Ernesto Reghran/Pulsar Imagens

Usina hidrelétrica em Porecatu, no estado do Paraná. Foto de 2016.

Bibliografia

Desta bibliografia não constam as referências de alguns livros dos quais foram transcritos trechos ao longo dos capítulos. Citamos as referências nos próprios textos, por se tratar de leituras complementares.

ALMEIDA, Rosângela Doin de. **Do desenho ao mapa**: iniciação cartográfica na escola. São Paulo: Contexto, 2016.

BRANDÃO, Heliana; FROESELER, Maria das Graças Verdolin Guilherme. **O grande livro dos jogos e das brincadeiras para todas as idades**. Belo Horizonte: Leitura, 1998.

BRASIL. Ministério da Educação. Secretaria de Educação Básica. **Base Nacional Comum Curricular**. Brasília, 2018. Disponível em: <http://basenacionalcomum.mec.gov.br/>. Acesso em: 5 nov. 2019.

__________. Ministério da Educação. Secretaria de Ensino Fundamental. **Diretrizes Curriculares Nacionais da Educação Básica**. Brasília, 2013.

__________. Ministério da Educação. Secretaria de Ensino Fundamental. **Ensino Fundamental de nove anos**. Brasília, 2006.

CALLAI, Helena Copetti. Aprendendo a ler o mundo: a Geografia nos anos iniciais do Ensino Fundamental. **Cadernos Cedes**. Educação geográfica e as teorias de aprendizagem, n. 66. Campinas, 2005. Número especial.

__________. **Educação geográfica**: reflexão e prática. Ijuí: Unijuí, 2011.

CARUSO, Francisco; SILVEIRA, Cristina. **Questões ambientais em tirinhas**. São Paulo: Ed. Livraria da Física, 2007.

CASTELLAR, Sonia. **Educação geográfica**: teorias e práticas docentes. São Paulo: Contexto, 2010.

__________; CAVALCANTI, L.; CALLAI, H. (Org.). **Didática da Geografia**: aportes teóricos e metodológicos. São Paulo: Xamã, 2012.

CASTROGIOVANNI, Antonio Carlos (Org.). **Ensino de Geografia**: práticas e textualizações no cotidiano. Porto Alegre: Mediação, 2009.

__________. **O ensino de Geografia**: caminhos e encantos. Porto Alegre: ediPUCRS, 2016.

CAVALCANTI, Lana de Souza (Org.). **Formação de professores**: concepções e práticas em Geografia. Goiânia: Vieira, 2006.

__________. **Geografia, escola e construção de conhecimentos**. Campinas: Papirus, 2016.

COLL, César et al. **O construtivismo na sala de aula**. São Paulo: Ática, 2010.

HOFFMANN, Jussara. **Avaliação; mito & desafio**: uma perspectiva construtivista. Porto Alegre: Mediação, 2010.

KAERCHER, Nestor André. Desafios e utopias do ensino de Geografia. In: CASTROGIOVANNI, A. C. **Geografia em sala de aula**: práticas e reflexões. Porto Alegre: Ed. da UFRGS/AGB, 2010.

KOZEL, Salete. Mapas mentais: uma forma de linguagem: perspectivas metodológicas. In: __________; FILHO, Sylvio Fausto Gil et al. (Org.). **Da percepção e cognição à representação**. São Paulo/Porto Velho: Terceira Margem/Edufro, 2007.

MICHEL, François. **A ecologia em pequenos passos**. São Paulo: Nacional, 2008.

PAGANELLI, Tomoko Iyda et al. A noção de tempo e de espaço. **Orientação**, n. 6. São Paulo: Departamento de Geografia – USP, 1985.

PEREIRA, Diamantino. Paisagens, lugares e espaços: a Geografia no ensino básico. **Boletim Paulista de Geografia**, n. 79. São Paulo: Associação dos Geógrafos Brasileiros, 2003.

PERRENOUD, Philippe. **10 novas competências para ensinar**. Porto Alegre: Artmed, 2000.

PONTUSCHKA, Nídia Nacib et al. (Org.). **Para ensinar e aprender Geografia**. São Paulo: Cortez, 2012.

__________; OLIVEIRA, Ariovaldo Umbelino de (Org.). **Geografia em perspectiva**. São Paulo: Contexto, 2010.

POZO, Juan Ignacio (Org.). **A solução de problemas**: aprender a resolver, resolver para aprender. Porto Alegre: Artmed, 1998.

RAMA, Angela; VERGUEIRO, Waldomiro (Org.). **Como usar as histórias em quadrinhos na sala de aula**. São Paulo: Contexto, 2016.

SANTOS, Milton. **Metamorfose do espaço habitado**. São Paulo: Hucitec, 2014.

SCHÄFFER, Neiva. Ler a paisagem, o mapa, o livro... Escrever nas linguagens da Geografia. In: NEVES, Iara Conceição Bitencourt et al. **Ler e escrever**: compromisso de todas as áreas. Porto Alegre: Ed. da UFRGS, 2006.

__________ et al. **Um globo em suas mãos**: práticas para a sala de aula. Porto Alegre: Ed. da UFRGS, 2010.

SIMIELLI, Maria Elena. O mapa como meio de comunicação e a alfabetização cartográfica. In: ALMEIDA, Rosângela Doin de (Org.). **Cartografia escolar**. São Paulo: Contexto, 2014.

__________. **Primeiros mapas**: como entender e construir. São Paulo: Ática, 2010. 4 v.

SPOSITO, Maria Encarnação Beltrão (Org.). **Livros didáticos de História e Geografia**: avaliação e pesquisa. São Paulo: Ed. da Unesp, 2006. (Coleção Cultura Acadêmica).

STRAFORINI, Rafael. **Ensinar Geografia**: o desafio da totalidade-mundo nas séries iniciais. São Paulo: Annablume, 2008.

TUAN, Yi-Fu. **Espaço e lugar**. São Paulo: Difel, 1997.

VOGEL, Arno et al. **Como as crianças veem a cidade**. Rio de Janeiro: Pallas/Flacso/Unicef, 1995.

ZENAIDE, Maria de Nazaré Tavares (Org.). **Ética e cidadania nas escolas**. João Pessoa: Ed. Universitária/UFPB, 2003.

Sites

Agenda Criança Unicef: <www.selounicef.org.br>.

Biblioteca Virtual de Educação: <http://bve.cibe.inep.gov.br/>.

Revista Ciência Hoje: <http://chc.org.br/revista-aberta/>.

Acesso em: 5 nov. 2019.